喇嘛耶喜，攝於美國加州尤卡谷，1977

Carol Royce-Wilder and © Lama Yeshe Wisdom Archive

藏傳密續的真相

Introduction to Tantra: The Transformation of Desire

轉貪欲為智慧大樂道

圖敦・耶喜喇嘛◎著
Lama Thubten Yeshe
釋妙喜◎譯

目錄

3 轉煩惱為菩提 54

8 不見即是徹見 136

9

啟發來自上師　156

10

無上密續入門　180

喇嘛耶喜小傳

一九三五年出生於西藏拉薩附近的托倫（Tolung）。六歲時進入色拉寺接受嚴謹的學術及精神教育。一九五九年中共接管西藏後，他逃到印度，在東北部的巴薩杜雅（Buxaduar）難民營完成教育，之後定居於尼泊爾首都加德滿都不遠處的波達那（Boudhanath）塔附近。

喇嘛耶喜到了尼泊爾後，開始竭誠地接引西方弟子。一九七一年他和梭巴仁波切（Lama Zopa Rinpoche）於柯磐寺開始了一年一度的「十一月禪修課程」，吸引了日益增多的學生。之後這些弟子回到自己的國家，召集同好繼續修習佛法，在世界各地成立佛法中心，把佛法傳到西方社會。喇嘛耶喜在有生的最後十年間，經常訪問這些中心，利益眾生，永不疲厭。

喇嘛耶喜具有不可思議的能力，可探觸別人內在所具有的和平、智慧與喜悅的潛能。其實，他自己就蘊含無限和平、智慧與喜悅的能量，即使在身體狀況極惡劣的情形下，仍然不斷無私地付出，啓發周遭的人。難能可貴的是，他能夠讓別人產生信心，認爲自己也具有這種無限的潛力。

一九八四年三月三日西藏新年拂曉時分，喇嘛耶喜因纏身十二年的嚴重心臟病，圓寂於美國加州西奈醫院。

以下是幾則喇嘛耶喜的弟子和朋友對他的追思錄。

喇嘛耶喜眞的是非常不平凡的人。他不但很有智慧，通達教法，而且實修教法。不過，他最特殊、最顯著的品德是他的溫馨。他與眾不同，心腸非常好，不管碰到什麼人都表露令人無法置信的愛心。

* * *

喇嘛似乎有源源不絕的溫情和幽默，而且對其他有情和教法的奉獻永遠不渝。爲了幫助人們克服限制和不快樂，他什麼事都可以做——唱歌、跳舞、說笑話。不過，絕對不會逾越他最嚴格的自律。他最特殊的地方是，他總是懇切、深入地體貼周遭的人。不管他講什麼主題，一定會設法讓每一個人都帶走一些貼心、實用的東西。

＊＊＊

一九七八年我有幸參加達賴喇嘛尊者一次私下開示勝樂金剛密續，參加者大都是住持和密續僧。尊者往往講到中間某一點時會停下來問問題，有好幾次都是住持們回答。但是到了某一個困難點，那些住持都無法提出圓滿的解答。這時，坐在第四排的喇嘛耶喜很羞澀地舉手說道：「尊者，或許是這個意思……」尊者聽了之後，很高興地說：「對了，就是這個意思！好一個眞正的瑜伽士！」

前言

唯願加持持金剛舵手　施恩令渡續部海深處
於諸成就之本諸誓言　以及戒律珍惜勝於命

第一世班禪喇嘛在他不朽的著作《上師薈供》中，以這些鼓舞人心的話語，清楚地顯示西藏佛教大師對金剛乘的尊崇。雖然這些話是在將近四百年前所寫的，直到現在依舊保有這份對於密續法門的尊崇。

藏族的大遷徙是最近的歷史，開始於五〇年代初中國入侵西藏。在隨後的幾十年，許許多多在世的大師來到西方，使得藏傳佛教西藏的悲劇變成西方獻身於心靈修行者意外的豐碩收穫。

當時密續並非全然不為人知。亞瑟·阿瓦隆（Arthur Avalon）爵士所著作的專書《蛇力和密續》（*The Serpent Power and Tantra*）中，對於孟加拉體系的密續禪修法門提供高度技術性的描述，其中有很詳盡的彩色觀想繪圖。此外，當時也有同樣眾多的印度大師和瑜伽士所著作有關拙火的大量書籍，而且也有中國道家《太乙金華宗旨》（*The Secret of the Golden Flower*）的譯作，那顯然是類似的禪修法。但是對於七〇年代初期的禪修初學者（七〇年代初期幾乎人人都是初學者）來說，這些書非但沒有解答他們的問題，反而提出更多的疑問。

唯有當西藏喇嘛、祖古和仁波切在七〇年代初到來之後，這批西方第一代的學佛者才終於發現在他們當中有眞正的密續禪修家和具格的教師。實際上，金剛乘是佛教密續鮮活的傳承。大家立刻明白，金剛乘遠非講求理論或推理的一門科學，而是講求實修的法門，這些教師清晰、準確而完整地體現金剛乘的教法，他們將會是幫助這些年輕、渴求教法的學子們跨越「渦漩的密續大海」之「舵手」。第一世班禪喇嘛的話語不只是詩歌而已，對這些新的學佛者來說，那不啻是預言。

喇嘛耶喜的《藏傳密續的眞相》，實際上直到一九八七年才出現。第一批的西藏教師（他們都在「老」西藏的寺院中受過訓練）似乎拖延了一段時間才公開提供密續的教法。

從教師那方面來說，他們或許有些猶豫，在西方弟子對於傳統的經乘教法具有基本的理解之前，可否給予他們這麼強力而深奧的教授。當然，這樣做最自然，因爲傳統上在接受灌頂進入金剛乘之前，都是先教授出離心（追求解脫的決心）、菩提心（慈悲心）、空性（智慧），所以，對第一代美國和歐洲的弟子也是如此。當喇嘛耶喜的《藏傳密續的眞相》終於問世時，它猶如一道明光，一片輝煌、宏大的願景，對許多人來說，他們已經爲它等待、準備了多年。

今天我再度重讀這本書，其清晰和直率的思路還是令我震撼，就像第一次讀的時候一樣。喇嘛耶喜所描述的基礎法門和後續的次第都很切要、完整。就我所知，在密續入門方面的書，沒有比這更好的了。

多年來我把這本書送給很多有興趣的朋友，已經數不清多少本了，直到找不到庫存——在那個時代，它可能是相當稀少的。現在有了這個新版本，我再也不需要到舊書攤和罕本書店去搜尋，才能找得到極爲珍貴的一本。此外，會有新一代的學佛者發現喇嘛耶喜善巧的說法，並從中獲益。

雖然喇嘛耶喜在世時，我就知道他的著作和教法，但是我沒有那麼幸運能夠親自見到他本人，否則那該是多麼奇妙的經驗！儘管如此，幸虧有這個新版本，他的話語仍然在我們這個世界流傳。對我而言，那些話語至今依然像十五年前我初次聽到時一樣清晰而眞實地迴響。這是留給當代和未來的美妙遺產！

菲利普．葛拉斯（Philip Glass）*

二〇〇一年六月

*編註：美國當代最成功、最受歡迎的作曲家。

英文版編者序

這本書的主要內容，是已故喇嘛耶喜在一九七五年到一九八三年間，關於佛教密續的開示錄。

編輯這本書的構想源於一九八一年。當時喇嘛耶喜認爲有必要出版一本通俗易懂的入門書，介紹密續。密續一直都被視爲是西藏佛教中較深奧難懂的教法。喇嘛耶喜卻認爲密續的中心思想其實很簡單明瞭，而且特別契合本世紀的生活。

喇嘛耶喜經常提到，西方世界已經能夠開發自然界各式各樣巨大的能源，但大家對於人人內在本具、比核子能還要強大的能量，卻僅是一知半解。只要一天不開發這個潛能，人生就注定不會圓滿而且沒有意義，精神和情緒上都會蒙受無比的壓力。這是我們這個時代的特徵。修習密續，能夠轉化、運用這股內在強大的潛能，發揮到極致，超脫這一切壓力，轉化我們的生命，讓生命變得圓滿而有意義。

喇嘛耶喜認爲，修習密續是合乎科學的，非常適合現代的西方社會。換句話說，密續不同於其他的法門，它著重直接的體驗，經由實際逐步地探索人類的處境而達到自我醒覺。

從一九八二年到一九八三年的冬天，我們在義大利塞希那（Cecina）舉行編輯閉關，目的是整理喇嘛耶喜有關密續的開示錄，爲出版做準備。在那之前的十年間，喇嘛耶喜有關密續的開示錄達數百份之多。每一位編輯各自選擇一個特定的密續法門或一組主題，進行整理工作。本書的雛形來自那次的整理及接續的編輯工作。我們盡可能忠於喇嘛耶喜的用語和風格。

初稿於一九八三年四月在印度達蘭薩拉讀給喇嘛耶喜聽，由他在文辭及內容上做許多修正、補充解釋和建議。同年，他在全世界各地繼續演講，這些開示錄，特別是在義大利彭美雅（Pomaia）及美國加州坎溪（Boulder Creek）的開示，也一併收錄在本書中。

原本我希望由喇嘛耶喜親自校正完稿，可惜事與願違。一九八三年三月，喇嘛耶喜圓寂。之後的幾個月，我的編輯工作幾乎完全停頓下來，因爲我發現自己無法面對一個傷心而無法改變的事實——再也聽不到喇嘛甜美、詼諧的聲音了。幸好得到許多朋友善意、耐心的支持，最後才得以完成這本書，呈獻給讀者。

任何聽過喇嘛耶喜開示的人都知道，要想用印刷文字來捕捉他那具有無限威力的開示，簡直是不可能。就像所有偉大的上師一樣，他的開示蘊含的無限力量，來自他本身的出現，而不在於他所用的非正統或不合文法的字句。就如同釋迦牟尼佛的教法是隨機應變的，不同的聽眾有不同層次的領悟。我們編輯所能做的，只是盡可能忠實地聽錄這些錄音帶及文稿，盡量領悟他的教誨，然後盡力清楚地表達出內心所領會到的意思。

喇嘛梭巴仁波切曾經說：「大多數的老師就像我一樣，只會教他們懂的東西，不太會隨順大家的需要。但是對喇嘛來說，每次說法都不是一成不變的；他不只是談一個主題。聽眾之中有些人會有各種不同的問題，如修行問題、個人問題、家庭問題等，這些喇嘛全部都會談到。而且，每個人聽了喇嘛一個小時的開示之後，他們的問題都會得到解答。剛開始有些人可能只是來看看西藏喇嘛長什麼樣子，其他一些人可是很誠懇地想要來求平安。等到喇嘛的開示結束，大家都會帶著愉快的心情回家，他們的問題都得到解決了。」仁波切的這番話，指出了喇嘛耶喜的說法有多方面的功德。

把這直接關聯到目前這本著作的主題來說，喇嘛耶喜具有神奇的能力，可讓他碰到的人觸及和平、智慧和喜悅的源頭，而他們以前或許只是模糊地知道有那麼一回事。喇嘛耶喜最高深的開示或許只是這樣：我們每個人的內在不僅對自己的問題都有答案，而且都有潛能過更高水準的生活，超乎我們目前的想像。倒不僅是喇嘛耶喜曾經一一顯現他自己的內在已經實現那種潛能，對認識他的人來說，儘管他的心臟毛病好幾年前就可能讓他喪命，他還是持續不斷無私地布施奉獻，光是這一點，的確就是甚深的激勵。更驚人的是，他有辦法激勵他的聽眾產生信心，知道他們本身也具有類似的無窮潛能有待開發。

喇嘛耶喜這本開示錄介紹密續深廣的主題，從頭到尾我們都盡量少用專門的術語。這樣做是遵照喇嘛耶喜的願望，盡可能設法用直截了當的方式傳達這些教法的意味。不過在用到術語時，不管是英文、梵文或藏文，都會在書末的「辭彙解釋」中註明。那些有興趣進一步涉獵本書所提到各種不同主題的人，可以在本書的末頁找到附有簡短註釋的建議閱讀書單。

喬納生．藍道（Jonathan Landaw）

一九八七年三月

譯者序

本書譯自喇嘛耶喜的英文開示錄《Introduction to Tantra》。英文本從第一版於一九八七年推出以來，在西方引起很大的迴響，被譽為西藏佛教密續（Tantra）方面最佳的入門書。

筆者今生未能親炙喇嘛耶喜，所幸能夠在他的傳承下修習顯密的教法。記得一九九三年在喇嘛耶喜創建的根本道場——尼泊爾柯磐寺閉關期間初次讀到本書時，非常欣喜、震撼。心想：但願有人把這本書譯成中文。有一天晚上，夢見自己騎了一部腳踏車，載著宇色仁波切（喇嘛耶喜的轉世），經過一間房子，見到喇嘛耶喜在裡面盤腿而坐，笑容滿面地向我們揮手。不久回到台灣，居然有人找我翻譯這本書。雖然我把它完成了，但是由於種種因緣，這本書一直沒有出版。一晃過了將近十年，菩提心出版社成立，第一版的中文本才問世。

那時我拿出舊稿對照英文本校對，發現舊譯有一些地方含糊籠統，所幸二〇〇四年十月回到加州「藥師佛淨土世界」，英文本的編者喬納生．藍道先生就住在附近，他告訴我，不要執意把喇嘛耶喜的每一句話都原原本本地直譯爲中文，這不但不可能，也沒有必要；重要的是，傳達喇嘛耶喜透過語言所要呈現的意象。在重校舊稿的過程中，我逐漸更明白，喇嘛耶喜的開示，是因人、因時、因地，隨機逗教，完全超越傳統語詞的框框。他所關切的是用聽眾所能了解、接受的言語，引導大家進入超越語言的境界。當我終於完成那一版的校稿時，正逢當地的金剛手中心迎請喇嘛耶喜的大塑像入殿。很多喇嘛耶喜的老弟子見到栩栩如生的塑像含笑端坐在大殿中央，談起喇嘛生前的行誼，緬懷喇嘛無比的慈恩，恍如喇嘛還與我們同在。

二〇一二年橡樹林決定重新出版這本書。本書是二〇〇一年英文版的中譯本。這一次再度修訂舊稿時，除了譯文力求精確之外，同時也整編了全書的目錄、每章的書名頁、提要、小標題，而且在每章之末加上「複習」的單元，盡量設法幫助中文版讀者掌握全書的脈絡和意涵，這或許可以算是這一版中文本的特色。

英文本的〈前言〉和〈編者序〉簡介這本書的由來、特色，作者喇嘛耶喜的行誼，乃至密續法門的可貴和特色。譬如，〈前言〉一開始引述班禪大師（1570–1662）寫的一首偈頌，說明密續法門深廣如海，需要有經驗具格師長引導才能夠入門，窺其堂奧。

密續一般被視爲是深奧難懂的教法，不過喇嘛耶喜認爲它的中心思想其實很簡單明瞭，而且特別契合本世紀的生活。因此，他本著多年的學習和個人的修持，在本書中清晰、明確地解說密續的修行理念和特色，而且把它關聯到現代生活，教導我們如何透過正確地修習密續，破除現代人種種的迷思、煩惱和苦悶——爲了追求物質生活的舒適享受而疲於奔命，活在緊張、恐懼、充滿壓力當中，貪欲熾盛，求不得，怨憎會，愛別離，內心空虛，沒有成就感、滿足感、安全感，自貶、自憐等等。這本書教我們如何透過密續特殊的善巧法門，認識自己的眞面目和無限的潛能，喚醒並運用潛藏在人人內心深層的無限智慧、慈悲、喜樂的能量，轉化我們的生命，讓生命變得圓滿而有意義。

密續是經得起考驗，有清淨傳承的正統佛教法門，古今中外有無數的慕道者在具格師長的身教和言教下，有修有證，如獲至寶。儘管如此，在西方或東方有很多人對於密續這個古老的傳承懷有疑慮、誤解，因而和佛教的這個大寶藏失之交臂。不管是出於何種理由——無知、人云亦云、沒有接觸到正統、正確的資訊來源和密續的成就者等等——佛教界之內或之外都有人非議密續，尤其是無上瑜伽密續。甚至有人認爲密續不是佛法。但願透過喇嘛耶喜善巧、明晰的開示，有助於化解人們對於密續的疑惑、誤解，進而邁入密續清淨、光明、璀璨、豐富的世界。

中文版之能夠問世，得自上師—三寶的啓發、加持，還有多年來直接、間接促成本書問世的古今中外大德相助，爲免掛一漏萬，恕我不在此一一列出芳名。我的譯筆拙劣，很難充分、完美地表達喇嘛耶喜的聖意、聖語，只是勉力而爲。譯文如有不當之處，請讀者大德不吝指教。

但願密續的教法永遠住世，法輪常轉，所有具格的師長和密續行者長壽、健康；願所有的有情都能夠在具格師長的引導下，潛入密續甚深無邊的法海，迅速證得無上的佛果。

導讀

對於想要了解密續眞相的人來說，本書是很扼要的導引。全書可以劃分爲三個單元：第一個單元包含前四章，介紹密續基本的理念和特色。第二個單元包含第五至九章。修習大乘佛教的人大都知道，密續是大乘佛教進階的法門，需要具備經部（俗稱顯教）的基礎。所以，喇嘛耶喜在本書的第五至七章介紹進入密續必修的三個前行，亦即經部的三主要道——出離心、菩提心和空性正見。不過，喇嘛耶喜是從密續轉化能量的觀點解析這三個前行。第八、九章介紹密續不共的前行。第三個單元包含第十至十二章，介紹最高深的無上密續法門。其中第十和十一章介紹無上密續中的生起次第；第十二章介紹圓滿次第。

本書一開始就介紹密續的法源來自釋迦牟尼佛，「心性本淨」是顯密共同的基礎，並指出顯密二乘不同的修行理念。「能量的轉化」是密續的一大特色，而密續奧妙的轉化過程所需要的基本能量，正是我們自己的欲望能量。

我們活在欲界，貪欲無所不在，而所有欲望背後的動機，都是想要得到快樂。儘管如此，我們的生活卻充滿了痛苦和不滿足。爲什麼？因爲我們不懂得善巧地運用欲望的能量。

爲什麼凡庸的貪欲必定導致挫折和失望？因爲凡庸的享樂經驗被無明蒙蔽，欠缺清明的正念和光明。我們一向無知地接受凡庸相，不了解在粗分的凡庸身之內存在著更微細的意識身——大樂智慧潛在的能量來自這些更微細的層次。

密續的本尊象徵大樂智慧能量的極致，那是我們實質的眞面目。培養強烈的天慢，自現爲本尊，鬆弛牢固的自我觀，轉化的經驗才具威力。問題是：如何鬆解凡庸的表相和觀念加諸自己的束縛，開創內在的空間呢？我們必須透過修前行，做好準備。一方面必須修習顯密共同的基礎：出離心、菩提心和空性正見；另方面，也有必要修習密續不共的前行：冥思內心深層至極清淨的明性，設法恆時和心識底層的明性保持聯繫。還有，我們有必要修上師相應，透過外在上師身教和言教，接受密續傳承的啓發和加持，激發我們潛在的覺性。另方面，透過修上師相應，認同自己和常駐於我們內在的絕對上師——佛性是一體的，這是密續道的根本。

根據密續，凡庸的死亡、中陰和轉生是一切困境的根源。由於我們帶著不由自主的身心生、死、轉生，所以勢必經歷凡庸生命的身心諸苦。透過無上密續法門，可以徹底避免這種不由自主的轉生，以及隨之而來的一切問題。本書在第三個單元說明密續行者如何把凡庸的死亡—中陰—轉生，轉化爲佛正覺的法、報、化三身。藉此，讓我們明瞭無上密續法門的精髓。

生起次第中的禪修三身，只是爲進階的圓滿次第做準備的演練，圓滿次第才能夠實際把凡庸的身心，轉化爲覺者徹底超俗的身心。本書的最後一章扼要地解析圓滿次第的一些課題——內熱的禪修，它的目的和功效，以及修習密續要有所成就必須具備的品德。

釋妙喜

1

心性本淨

這章在說什麼

＊人人都能夠達到圓滿正覺，具足無限的智慧、慈悲和善巧、威力。

＊我們每一個人都是所有宇宙能量的綜合體。達到功德圓滿所需要的一切，我們的內在當下具足；問題只在於要能夠認知它。這就是密續的修行觀。

＊善巧的密續行者當下就把自己當作是圓滿正覺的佛一樣地思惟、言談、行動——把未來圓滿正覺的成果，帶到當下的修行，所以密續有時被稱爲「果乘」。

＊密續所有的諸多修行法門，可以說都牽涉到轉化的原理。

佛陀的啓示

通稱爲「佛教密續」的教法和修行，可以追溯到兩千五百年前釋迦牟尼佛的時代。釋迦牟尼佛（簡稱釋尊）於西元前六世紀，誕生爲印度王子悉達多。爲了區分釋尊和在他前後降世的其他覺者，我們稱之爲「歷史上的佛陀」。

依據傳統的史料記載，釋尊一生當中最初的二十九年，可以說是被囚禁在溺愛他的父親淨飯王爲他建造的欲樂宮殿中。最後，在首度察覺到老、病、死之後，釋尊逃離父王的轄區，開始尋覓終止一切苦難和不滿足之道。

釋尊曾經嚴格地克己、苦修長達六年之久，企圖藉此掌控身心，到頭來卻只發現這種極端的做法和從前耽溺於感官欲樂的生活一樣，都是誤入歧途。最後，他依循不偏於禁欲或縱欲的中庸之道，規避一切極端的行持，因而得以從內心根除甚至是最微細的苦因和無明，成爲圓滿的正覺者——佛陀。

在其後四十五年的餘生當中，釋尊因材施教，以各種不同的方式教導人們遵循這種中道過活、並開展心性。他所教導的每一種法門，都是針對特定的某一類人的性格和習性而設計的。

佛陀的教法，梵文稱爲「達摩」，意爲杜絕苦及苦因，包含成千上萬種不同的法門，用以克服身心的障礙，保障我們的安樂和福祉。佛陀所有的教法都可以納入（顯）經和（密）續這兩個範疇之中。顯密二乘之間雖然有些差異，但是兩者都建立在一個共同的基礎：心性本淨。

心性本淨

根據佛教的教義，不管我們此刻多麼迷惑、煩惱，生命底層、核心的本性都是清淨、明澈的。正如雲層可能暫時遮蔽太陽，卻無法損及太陽發光的力量；同樣地，身心暫時的染垢——困惑、焦慮，以及由此所引生的苦，可能暫時造成障蔽，卻無法損及甚或觸及心識本自清淨的體性。愛心和智慧的無盡藏，安住在自他一切有情的內心深處，毫無例外。所有的修行法門，不管是否稱之爲佛法，其終極的目標都是爲了聯繫、彰顯這個本自清淨的心性。

一旦我們開展自己內在的清淨、內在的悲心和內在的愛心，就能夠看到這份清淨和慈愛反映在其他有情身上。反之，如果還沒有接觸到自己內在的這些品性，便會把每一個人都看成是醜陋、囿限的。理由是，不管我們每天從外在的現實世界看到什麼，都不過是自己內在實況的投射。

內心深處本具清淨的體性，這是經驗的事實，它的存在並非基於信仰或盲目的接受教條。從古至今的整個歷史上，已經有無數人發現自己內在這個和平、慈愛和智慧的大寶藏，而且有無數偉大的教師和導師，很善巧地教導其他人如何能夠同樣地發現自己最深邃的本性，同時體驗到自然會隨之而來的無上安樂。釋迦牟尼佛即是這些非常慈愛的精神導師之一。釋尊所宣說的諸多教法和修行法門，全都是爲了幫助我們實現人類最高的潛能。

依照佛教的術語，「菩提」或「佛果」是我們人類個別進化的終極目標。一旦我們徹底去除目前蒙蔽自心的貪、瞋、癡等一切煩惱，而且把我們所有的一切良善品德充分發揮出來，每一位有情都能夠達到這個境界。這種圓滿地實現潛能、徹底醒覺的境界，具有的特色是：無限的智慧、無限的慈悲和無限的善巧方便、無限的威力。

因乘和果乘

依據經乘（俗稱顯教），自我實現之道是漸進的過程，一方面淨除內心所有的過失和限制，另方面開展慈愛和智慧等有益的品德。這種漸進的修行之道包括造下特定的因——遵守戒律、發展定力、修習禪觀等等，以便將來成就圓滿正覺。經乘所採取的這種漸進修行方式，強調爲了達到未來的成果而造因，所以有時被稱爲「因乘」。

密續是遠比經乘這種漸進的修行方式更快捷的成佛之道。儘管密續行者和經乘行者一樣，不會疏於造下成佛的因，不過他們是把將來修行圓滿的果位，當作修行道的起點。換句話說，這些十分善巧的密續行者（依照梵文的名稱是「瑜伽士」），學會當下就把自己當作是圓滿正覺的佛一樣地思惟、言談、行動。這種強力的修行方式，是把未來圓滿正覺的成果帶到當下的修行，所以密續有時被稱爲「果乘」。

密續的修行觀

依照密續，功德圓滿不是等著我們將來到達的境界。「如果我現在努力修行，或許將來會成爲功德圓滿的佛」，或「如果我今生循規蹈矩，舉止行爲像一個宗教人士，也許有一天我會上天堂」。根據密續的教法，天堂當下即是！我們當下就應當是天神和天女。不過，我們現在背負著囿限的觀念：「男人都是像這樣；女人都是像那樣；我就是這付德行，無可奈何」等等。所以，我們自己的內在有矛盾，和別人之間也有衝突。一旦我們依照密續的觀點去修行，而且體認到每一個男人都是完整的男人，每一個女人都是完整的女人，便能夠化解所有這一切矛盾和衝突。

每一個男人和女人實質上都兼具男性和女性的能量。事實上，我們每一個人都是所有宇宙能量的綜合體。達到功德圓滿所需要的一切，我們的內在當下具足，問題只在於要能夠認知它，而這就是密續的修行觀。

非凡的轉化

一般來說，密續所有的諸多修行法門，可以說都牽涉到轉化的原理。現代科學顯示，物質的宇宙和其無窮盡的種種現象——由最微小的粒子到最大的銀河，都是以能量的形式不停地轉化、演進。我們的身心也是能量體，健康或生病、平衡或狂野，都取決於身心的能量是否調和。只要修行得當，我們大可透過密續的法門駕馭所有的能量，包括平常察覺不到的那些微細卻極具威力的能量，利用它們來成就一切之中最偉大的轉化。我們就是這樣從一個平凡、囿限、困在卑微的自我硬殼中的煩惱漢，昇華爲具足無限的慈悲和觀慧、徹底開悟的全覺者。

我們怎麼能夠成就這麼非凡的轉化？到哪裡去找尋所需要的資源，來促成這麼奧妙的轉變？用不著遠求！不必從原子核去萃取，也不需要搭太空船到外太空，到某個遙遠的星球去尋找。密續這種奧妙的轉化過程所需要的基本能量，正是我們自己的欲望能量。

複習

1. 爲什麼釋迦牟尼佛在成佛之前要花六年苦修？最後他是如何證悟成佛的？
2. 何謂佛法（達摩）？
3. 依照本章，顯密二乘共同的基礎是什麼？
4. 本章如何說明「不管我們此刻多麼迷惑、煩惱，生命底層、核心的本性都是清淨、明澈的」？
5. 您有沒有親身體驗到「不管我們每天從外在的現實世界看到什麼，都不過是自己內在實況的投射」？
6. 「菩提」或「佛果」是怎樣的境界？具有什麼特色？
7. 爲什麼經乘被稱爲「因乘」，密續被稱做「果乘」？
8. 本章如何說明密續的修行觀？
9. 如何藉由修行密續，成就非凡的轉化？

釋迦牟尼佛

2

我們活在欲界

這章在說什麼

＊就密續來說，欲望正是推動我們到達最高目的地的燃料。

＊既然修行的目標是爲了實現人類最高的潛能，所以密續設法把每一個經驗轉化爲實現潛能之道——不管它外表上看起來多麼離經叛道。

＊正因爲我們這一生和欲望密不可分，所以有必要運用欲望龐大的能量，以期轉化生命，達到超凡的境界。

＊只要懂得如何體驗快樂，毫不夾雜貪婪、執著或罪惡感，我們大可培養越來越深層的經驗，直到充分發揮人類的潛能，獲得難以思量的安樂。

＊如果有人認眞地想要實現自己最高的潛能，他應當盡量一直保持快樂、安詳的心境。

＊只要本著清明的理智和從中萃取菁華的決心修學密續，必定能夠把大家所企求的完滿和內在的滿足，帶進自己的人生。

我們活在欲界

我們活在欲界。從醒來的那一刻起，直到晚上入睡，甚至是在作夢的整個過程當中，我們都被欲望驅策。我們的每一個感官都渴求它自己的食糧——眼睛渴望見到有趣的形色；耳朵想要聽悅耳的聲音；鼻子敏銳地去嗅合意的氣味，厭惡地避開刺鼻的東西；舌頭尋求新奇的味道；觸覺的感官永遠渴求某種悅意的觸感。由於我們對於感官刺激的貪欲根深柢固，只要和色、聲、香等隔離太久，就會開始幻想這些東西。

貪欲無所不在

我們的貪欲並不限於見、聞、嗅、嚐、觸得到的對境。心本身也會貪婪地追逐觀念，就如同舌頭渴求美味一樣。知識、名譽、安全感、滿足感，諸如此類抽象的東西，同樣被汲汲營營地追逐，就好像可以用手握得住或用眼睛看得到似的。貪欲無所不在。事實上，我們所做的事情，哪一件不是由欲望發動的呢？不管是在哪一個領域——商業界、體育界，甚至是心靈的探索，都是由某種形式的欲望，驅策我們去謀求成功。欲望是我們生命中主要的一環；大多數人認爲，少了欲望的人生，猶如行屍走肉。

所有欲望背後的動機，都是想要得到快樂。在這方面人人平等，大家都想要快樂（雖然定義或許不同），沒有人願意承受絲毫的痛苦或失望。只要仔細地審查就看得出來，我們所有的行爲背後的動機，不外是希求悅意境或者是要規避不悅意境。

儘管我們只想要快樂，生活卻充滿了痛苦和不滿足。我們愛惜有加的財產是辛辛苦苦才掙來的，但不是壞掉、遺失、被竊，就是不再帶來歡樂。我們摯愛的丈夫或太太，不是很快地反目成仇，變成最惡劣的冤家，就是死去而留下孤零零的我們。我們一度垂涎不已的工作，變成耗盡所有時間、精力的重擔。我們的名譽被玷辱，光滑的皮膚起皺紋，智力開始衰退，就這樣，我們所希求的快樂一直逃脫我們的掌握。有時候我們越想快快樂樂地過日子，似乎反而變得越來越艱苦。從這個觀點看來，生活似乎是無意義、無休止地庸庸碌碌的奔忙，謀求快樂的努力帶著我們一再地兜圈子，直到最後飽受挫折，而且筋疲力盡。

輪迴與涅槃

許多哲學家和精神導師都曾經描述這個永續受挫的循環，而且教大家如何掙脫或者至少容忍它。例如，釋迦牟尼佛稱這種周而復始的不滿足狀態爲「輪迴」，而且開示許多不同的方法，讓我們得以從中解脫。佛陀最著名的教法指出：無明所引生的欲望本身，是一切困境和不滿足的源頭。解脫、涅槃之道是，從內心徹底根除這一切渴欲。

別解脫道：嚴守根門

由於眼、耳、鼻等正是欲望的門戶，所以勸勉那些想要掙脫輪迴痛苦的迴圈以達到解脫的人，千萬不要信任這五個根門。這些根門被認定會病態地掌控我們的心，必須非常謹愼。因此，追隨別解脫道的行者，他們的行爲特徵是非常自制，嚴格地守護根門，任何想闖入根門的東西都會受到質疑。例如，只要有悅意境出現，比如具有吸引力的男人或女人，行者就會被告誡要警覺可能有被迷倒的危險。依循這種修行法門時，爲了克制盲目追求貪著境的意向，以免受害而陷入痛苦和失望之中，因此有必要教導自己專注在對境的某些部分，來淡化對它的欲求。例如，專注在對方身體不淨的部分，以沖淡我們對美人的渴求。這種修行法門旨在避免欲望擾亂我們的心，以期獲得穩固的安詳和寧靜，不至於受到人生際遇的變化干擾。

和實際運用欲望能量的密續法門相較之下，別解脫道這種力求謹愼的修行方式被認爲比較低劣。但這不是說這種修行方式毫無價値，相反地，懂得適時地從可能干擾內心的外境抽身，收回我們的注意力，的確相當重要。不過，如果我們只知道用逃避的方式處理悅意境，那麼修行所能夠帶領我們達到的境界勢必相當有限。

密續道：轉化欲望的能量

密續的修行方式迥然不同。密續不但不把享樂和欲望視爲必須全力規避的東西，反而肯定欲望所激起的強大能量，正是修行道上不可或缺的資源。既然修行的目標不外是爲了實現我們人類最高的潛能，所以密續設法把每一個經驗都轉化爲實現潛能之道——不管其外表上看起來多麼離經叛道。正因爲我們這一生和欲望密不可分，所以我們有必要運用欲望龐大的能量，以期轉化生命，達到超凡的境界。

密續的邏輯其實很簡單：我們所經驗的庸常欲樂，可以用來當作資源，讓我們體驗到全覺或佛果的無上大樂。內心的品德經過陶冶之後，自然會產生相似而非相反的東西；不管是積極、正面的心態，或是消極、負面的心態，都是一樣的道理。不滿足本身不可能會轉變為滿足；同樣地，苦也不可能自動演化為樂。依據密續，我們不可能刻意地把自己弄得越來越悽慘，卻期望能達到周遍、圓滿的安樂。這違反自然。唯有現在培養少許安寧、滿足的經驗，將來才可望達到安詳、寧靜的終極目標。同樣地，唯有透過善巧地運用欲望的能量，並且逐漸養成習慣，體驗我們或許稱之為「眞實的」快樂，才可望達成圓滿正覺永恆的大樂和喜悅。

宗教排斥享樂？

然而，體驗享樂和依循宗教的修行道之間，似乎經常有很大的矛盾。事實上，對很多人來說，宗教不外是指否定或排斥生命中令人愉悅的那部分。宗教被視為否定欲望、否定率眞、否定表達的自由，也難怪宗教組織惡名昭彰。宗教本身不但不被認爲是超越限制之道，反而被視爲最嚴重的壓制方式之一；對眞正想要自由的人來說，宗教只不過是必須去克服的另一種迷信。不幸地，的確曾經有許多社會利用宗教做爲政治迫害和控制的手段，說明這種嚴厲的批判不無道理。

不僅是批評宗教的人抱持這種看法，甚至很多宗教的行者也都認爲宗教壓迫或限制了基本的人性。許多人覺得遵守修行的戒律，就是要否定單純的人性。他們非常懷疑人們應當享樂，反而認爲受苦受難有眞正的價值：「我是宗教人士，所以不應當快快樂樂地過活。」雖然他們的目標是達到永恆的和平、安樂，卻強調要棄絕自己日常生活的歡樂，並視之爲發展心性的障礙。萬一碰巧體驗到少許的快樂，他們會覺得很不自在，甚至連吃一塊巧克力都難免覺得自己很罪過、很貪婪！他們不能夠順其自然地接受並享受這種經驗，反而把自己困在罪惡感及自責的情結中：「世界上有這麼多人在挨餓、受苦，我竟然膽敢這麼縱容自己！」

其實，所有諸如此類的態度完全都是錯誤的。對於享樂懷有罪惡感，根本沒有道理，這和貪圖稍縱即逝的歡樂，卻期望它們帶來究竟的滿足一樣地錯誤。事實上，這只是另一種形式的執著和作繭自縛，以侷限的觀點看待自己現在是何許人、將來可以變成怎樣的人。這種罪惡感是曲解修行，根本不是眞正的修行態度。

假如我們眞的滿足現狀，不管遭遇順境或逆境都一樣快樂、安詳，那麼克己的修行方式可能有一些實際的價值，可以用來加強出捨離心，或者幫助我們認知生命中眞正重要的東西。不過，我們其實甚少以正當的理由剝削自己。我們逼自己受苦，以爲値得這麼做，其實不然。在苦難中翻滾，只會使我們經歷甚至是更多的苦難。反之，如果懂得如何體驗快樂，而毫不夾雜貪婪、執著或罪惡感的染污心態，我們大可培養越來越深層的經驗，直到最後充分發揮我們人類的潛能，獲得難以思量的安樂。

如果我所批評的那種膽怯、自我設限的修行方式是錯誤的，那麼，如果有人認眞地想要實現自己最高的潛能，他應當採取何種善巧的修行方式呢？簡單地說，要盡量一直保持快樂、安詳的心境。我們千萬不要讓自己落入貪婪、不滿足、無知、困惑、苦厄和罪惡感的窠臼之中，應當設法昇華我們的心，開展越來越深層的智見，更加善巧地駕馭身心的能量，開展一直不斷提升的更高尚的喜樂，開拓更美好的人生。這種修行方式遠比排斥我們日常的經驗更有道理。這就是密續的邏輯。

佛陀與享樂之道

釋尊本身的某些生平軼事很清楚地昭示我們，利用引生欲望的對境來修行的方式，勝過逃避欲望的對境、力求克己的修行方式。佛陀在二十九歲（那時還是悉達多菩薩）那年決定脫離孤立、縱欲的太子生活，剛開始探索滅苦之道的時候，他是採取極端自虐的苦行。就像現在印度還有些人採取的做法一樣，他想用虐待的方式制服身體的感官，以根除苦厄和不滿足的源由。他不讓自己受用食物或其他的舒適品，直到最後只剩下皮包骨。經過六年自虐的苦行之後，他領悟到這種方法沒有功效，不但沒有帶領他更趨近超凡入聖的目標，反而只是令他過度衰弱而無法清明地思惟和禪修。

於是他決定放棄這種僵硬的修行方式，依循更適於眞正開展心性的修行道。傳統的佛陀傳記中談到，後來悉達多中斷長期的禁食，接受一位名叫蘇迦塔的女子所供養的乳糜。

這頓飲食對悉達多的身心產生不尋常的功效，使他充滿了活力、清明和大樂。身心能量突然的復甦，不但加強了他的決心，也使他更有能力達成圓滿佛果的目標。從那之後，他在菩提樹下僅僅禪修一個晚上，便達到徹底的解脫。這個事實明白地顯示，時機的確已經成熟，他應當放棄以前的苦行了。從密續的觀點來看，這些事件顯示，運用享樂和欲望的修行道，遠比嚴苛地克己的修行道更奧妙、更有效！

自那之後，佛陀成爲眾所周知的一位證量高超的大師，有能力指引所有各種不同根機的人達到證悟。有一位國王請求佛陀針對負有重大社會責任的人，開示修行之道。他解釋道：「做爲一個國王，我有責任料理國事，假如我束手不管，那是不對的。我沒有辦法像您從前那樣，捨棄一切，到叢林裡過苦修的生活。我需要的是運用皇室的生活本身來修行。如果您有辦法讓我把身爲國王的日常活動轉化爲修行道，請教導我！」

佛陀答覆他，的確有這種辦法：修行密續的法門。佛陀解釋道：「這種法門可以讓你繼續履行你的責任，而且完全不必放棄皇室的享樂。」他告訴國王，事實上他可以盡情享受，而且還不斷地進步，一直邁向佛果。

佛陀當時傳授給國王的是時輪密續的教法。直到現在，時輪和其他許多密續教法的傳承，始終保持不間斷而且威力強大。無數的印度人和西藏人遵行這些法門而達到圓滿正覺，所以完全沒有理由說西方人無法同樣地受益。

當今萃取密續精華之道

密續特別契合西方人的心理，由於它是所有當中最快速的修行道，因此頗能投合西方對立即見到效果的喜好。進一步說，密續的修行，本質上是一種轉化之道，而西方世界相當了解轉化能量的原理——至少是在物質的層次上。還有，雖然大多數的修行道把本世紀的欲望能量大爆炸視爲嚴重的障礙，卻正好有助於密續的修行。就密續來說，欲望正是推動我們到達最高目的地的燃料。也許只有像密續這樣的修行道，強調直接的體驗而非盲目地接受教條，才能夠把我們從自我毀滅的窠臼中喚醒而重新振作起來，讓我們有機會完全實現自己的潛能。

不過，如果要從密續萃取眞正的價值，必須把一些重點弄清楚。首先，修行密續，發心一定要盡量清淨。這點稍後會有更多討論（見第6章）；現在只需要說明：如果修行密續的動機僅僅只是爲了圖謀己利，絕對不可能坐收密續無窮的利益。密續僅只對一種人有效——以利他爲重，而且把密續道視爲完成這種利他目標，最快速而有力的修行道。

其次，必須具有足夠的耐心和自律，好好地依循密續道的次第修行。很多人以爲：「既然密續是最高的修行道，我沒有必要爲了修前行而傷腦筋。」所以一下子就跳入最高階的教法。這種做法既愚蠢又傲慢，而且非常危險。抱持這種沒有耐心、不切實際的態度，根本沒有資格接受密續的教誨。

最後，很重要的是，要懂得分辨密續的精髓和目前包裹它的文化形式。我的意思是說，西方人在外貌或舉止方面裝成像西藏人或其他任何的亞洲人，這並沒有什麼好處。例如，學會以外國的語言唸誦祈請文，這本身並非實現我們人類最高潛能之道；以一套文化規範取代另一套，也無法從中獲得任何具有超凡價值的東西。有些人的修行還停留在這麼膚淺的層次，到最後無非是陷入迷惑，不知道自己是何許人或應該做什麼。當然，在密續的教法從東方傳到西方的這段過渡期間，學習西藏語文等等有很多好處，不過，我要講的重點是，我們永遠要記住，密續遠比語文或風俗深奧多了。

密續要教我們的是，如何掙脫所有一切束縛我們的制約，以免限制我們了解：我們現在是何許人？以後可以變成怎樣的人？只要我們本著清明的理智和從中萃取菁華的決心去修學這些有力的密續教法，必定能夠把大家所企求的完滿和內在的滿足，帶進自己的人生。

複習

1. 您有沒有體驗到「貪欲無所不在，我們所做的事情，無不是由欲望發動的」？
2. 本章如何解析「我們只想要快樂，生活卻充滿了痛苦和不滿足」？
3. 何謂「輪迴」？何謂「解脫」？

4. 本章如何解析「如果我們只知道用逃避的方式處理悅意境，那麼，修行所能夠帶領我們達到的境界勢必相當有限」？
5. 密續道和別解脱道的修行理念和方法有何不同？
6. 本章如何解析「享樂不是罪過」？
7. 本章如何解答「如果有人認眞地想要實現自己最高的潛能，他應當採取何種善巧的修行方式」？
8. 如何從釋尊本身的生平軼事，證明「運用享樂和欲望之道，遠比嚴苛的克己之道更奧妙、更有效」？
9. 佛陀如何教導國王將日常的活動轉化爲修行道？
10. 當今要萃取密續的精髓，必須具備哪三個條件？
11. 本章對您最大的啓示是什麼？

四臂觀音

3

轉煩惱爲菩提

這章在說什麼

✽密續的觀念是，享樂的經驗必須結合光明。

✽密續的功能在於，把一切享樂轉化爲超凡的經驗，具有深刻、透澈的覺知。

✽只要我們對轉化的原理有適當的認識，一天二十四小時當中，不管做什麼事情，都會帶我們更趨近佛果、自我實現的目標。

✽經由大樂智慧的調治，欲望的能量不再像往常般加劇我們的不滿足，反而能夠用來摧毀導致不滿足的肇因：不明瞭實相的根本無明。

✽男女本尊的交抱是用視覺的方式象徵大樂與智慧雙運——結合陽性的大樂能量和陰性洞澈、無二現智慧的能量，展現我們最深徹的本性。

轉煩惱爲菩提

密續的功能在於把一切享樂轉化爲出世間超凡的經驗，潛入深邃、洞澈實相的意識層。其他許多傳承提倡遠離世俗的享樂，密續則不同，它強調更有效的是讓人們盡情地享受，同時把享受的能量導入迅速、有效的修行道，實現我們的潛能，成就無上正覺的佛果。這才是最善巧地運用我們人類寶貴潛能之道。

通常我們所追求的感官享樂，都會受到煩惱污染，但是密續透過奧妙的轉化法門顯示，身爲人類，我們有能力享受無量無邊至極的大樂，而且在享樂時毫不夾雜貪婪的煩惱。和某些人可能抱持的信念正好相反，享樂和受用並沒有錯，錯的是我們迷惑顛倒地貪執這些享樂，使得原本應當是快樂泉源的享受，變成痛苦和不滿足的根源。享樂本身無可厚非，這種貪執才是問題所在。因此，儘管困境通常會伴隨著庸常強求感官的享樂而來，但是只要我們能夠放下慣性的貪執，大可盡情地享受，而不至於陷入那一切困境。

只要我們對轉化的原理有適當的認識，一天二十四小時當中，不管做什麼事情，都會帶領我們更趨近全覺（佛果）、自我實現的目標。所有的活動——走路、吃飯，甚至是上廁所，都可以導入修行道。甚至是睡覺（通常都耗在無意識的黑暗，或陷入混亂的夢境中），也可以轉化為微妙、洞澈實相的淨光經驗。

或許這一切聽起來猶如天方夜譚。的確，其他比較漸進的修行法門（包括佛教本身的經部）都強調：我們日常生活當中的欲望、嫉妒和其他煩惱，通通都是不清淨的，應該被視同毒藥。我們一直不斷地被提醒，煩惱會帶來危險的後果，而且被告誡要盡量避免受到影響。不過，正如前面所指出的，密續採行迥然不同的修行方式。密續也強調，貪欲之類的煩惱確實是造成我們不滿足和痛苦的根源，有必要加以克服。不過，密續進一步教導我們如何善巧地運用這些煩惱的能量，加深我們的覺知力，使我們的修行得以突飛猛進。正如巧匠能夠把有毒的植物轉化成強效的藥物，同樣地，善巧而訓練有素的密續行者也有辦法操控欲望的能量（甚至是瞋心），從中獲益。這絕對辦得到。

內在的完滿

密續不僅教我們如何利用凡常的享樂經驗，還教我們如何激發更深奧、更強烈，而且更徹底、究竟地令人滿足的大樂經驗，這非普通的感官經驗所能及。

目前我們習於向外在的貪欲境追求歡樂。當我們找不到或抓不住這些貪欲境，就會有挫折感而不快樂。例如，我們當中有許多人一直在尋覓能夠帶給自己無限快樂的夢中人，但不管結交多少位男女朋友，這種夢想總是無法成眞。

我們沒有體悟到的是，我們每一個人的內在，即是無窮的陰陽能量之源。由於無知或壓制自己內在本具的東西，以至於造成各式各樣的問題。男人設法隱藏他們的女性面，女人不敢表現男子氣概，結果是，我們老是覺得被割離自己所需要的東西。由於自覺不完滿，所以轉而寄望從別人身上找到自己所欠缺的品德，以期獲得若干完滿的感覺。因此，我們的行爲大都摻雜著不安全感和占有欲的染垢。事實上，世界上所有的問題，從個人的焦慮，乃至國與國之間的戰爭，都可以追溯到這份不完滿的感覺。

必要的話，那些偉大的瑜伽士、瑜伽女可以長年與世隔絕而不覺得孤獨。而我們甚至連和男女朋友分開一天，都會感到寂寞得受不了。爲什麼我們和這些瑜伽士之間會有這麼大的差異？這牽涉到自己內在陰陽能量的調和。如果我們內在的能量支離破碎、失去平衡，就會非常渴望其他人的陪伴，無法自足。反之，只要我們內在的陰陽壇城完滿，就根本不會受寂寞所苦。

密續提供威力強大的法門，讓我們接觸到自己內在本具的完滿。密續的藝術充滿了強勁的象徵，充分表現出我們圓滿的潛能本具統合、完滿的特性。早期傳播西藏佛教的某些西方譯者認爲，男女本尊互相交抱的圖像是墮落的標記；其實，那象徵我們陰陽能量內在的統合。就更深奧的層次來說，本尊的交抱象徵密續最高層次的修行目標：生起最微細、至極大樂的心境，這種心境，本質上最適於用來洞察究竟的實相，令我們解脫所有的煩惱和苦難。在這個層次上，男尊代表大樂的經驗，女尊象徵無二現的智慧。因此，男女本尊的結合和感官的快感根本毫不相干。相反地，那是在顯示，大樂的經驗和無二現智慧完全統合的境界，徹底超越庸常感官的欲望。

對於根機成熟的人來說，僅僅見到這樣的圖像，就有助於令生命的陰陽面恢復聯繫。不過，如果我們想要重新奠定這份聯繫，有必要先斷除過度知性化的分別心帶給我們的影響。我們會感到和內在的實相疏離，大半可以歸咎於這種分別心。爲什麼透過密續的藝術和觀想當中所採用的符號和圖像，來介紹我們認識自己的本性，遠比光用文字更有效得多，這是其中的一個理由。

密續四部

佛教的密續有四部或四個層次——事部、行部、瑜伽部和無上瑜伽部。每一部都是針對特定的某一類修行人而設計的。各部的區別在於，行者能夠把多麼強烈的貪欲能量，善巧地導入修行道。傳統上是以性親密度的遞增爲例，來說明這種種不同層次的大樂能量。這種類比很能夠讓我們明白，透過修習密續法門，能夠漸次疏導和轉化越來越大幅的能量。

＊相傳最低層次的密續行者，能夠運用和轉化的只是由凝視吸引人的伴侶所引生的大樂能量。

＊第二個層次所轉化的是，和伴侶相互微笑或大笑的能量。

＊第三個層次所運用的是握手的能量。

＊具資格的無上瑜伽密續行者，有本事把性交本身的欲望能量，善巧地導入修行道。

話說回來，實際的問題是：如何使密續的轉化技巧對我們個人生效？我們很容易泛談密續的理論和修行，以及如何把貪欲轉爲菩提道，但是這種談話並沒有什麼價值。眞正重要的是，必須密切地審察自己的能力和經驗，然後決定目前要採取哪種方式來處理貪欲的能量。我們必須自問：自己到底能夠處理多少感官的欲樂，而不至於失控、發狂？沒有錯，密續法門的確能夠喚起微細、洞察實相的心識狀態，它的體性是非比尋常的至極大樂，但是這並不表示，既然欲望會帶來若干的大樂，我們現在就可以爲所欲爲了。如果我們修行密續要得到受用，就必須誠實地認知自己目前的限制，同時腳踏實地量力而爲。

就眞正發展心性來說，傲慢、自負是一大障礙。尤其是就修行密續來說，這個危險性特別大。我們或許會以爲，既然密續被宣傳爲運用欲望的法門，那麼只要隨興縱慾，滿足我們不受節制的欲望或是增加更多的欲望，就是在依循眞正的修行道了。確實有人抱持這種態度，殊不知這是大錯特錯。我們永遠不能夠忘記，假如縱慾就等同在修行密續，我們現在可能早就成為非常高明的密續大瑜伽士了！事實上，儘管我們的生活充滿了無法遏制的貪欲，總是在追求這個或那個，但是到目前為止，我們從這些欲望所獲得的，只不過是越來越多的不滿。

為什麼會這樣？這是怎麼一回事？為什麼庸常的貪欲必定會導致挫折和失望？如果不了解箇中的道理，所有這一切把貪欲用在成佛之道的談論，都不過是在開玩笑！

貪欲誇張的投射

務必要了解的是，通常我們對於具有吸引力的對象所懷有的貪欲，往往會扭曲我們對那個對象的看法。性慾即是一個明顯的例子。在此僅舉出一個和這種扭曲有關的例子。不妨設想一下這樣的情況：有一位男士被某一位女士迷住了，雖然大家都公認這位女士很有吸引力，不過這位男士對她所懷有的貪欲，使他把她的美誇張到荒謬的地步。對她迷戀得越深，她在他心目中的形象就變得越不切實際。到最後，這個形象被誇張到完全脫離事實。那時候他不是被這位女士本身吸引，而是沉迷在自己所創造出來的形象之中。

這種誇張和投射的傾向，並不限於任何一種文化，而是一種普遍的現象。當兩個人透過極端貪婪之眼相望時，雙方都在虛構一個離譜的故事：「哦！多美！裡裡外外一點瑕疵都沒有。」他們編造了一個完美的神話。迷戀和貪婪使他們無視於彼此的不完美，反而離譜地誇大對方的優點，這種誇大純粹是在欲望薰心之下，迷信的詮釋和投射。

所有凡俗的欲望，多多少少都含有誇張的特質。凡是吸引我們的對境，我們就會高估它的美或價值而看不到它的眞相。例如：我們忘了貪欲的對境（不管是人或物），就和我們自己一樣，隨時都在變化。我們表現出來的行動，就好像它會永遠美麗而悅人地存在，帶給我們永恆的喜悅和滿足。執著這種完全脫離現實的常見，只會讓我們大失所望。

務必要了解的是，在悅意境上投射虛妄的常見，並不是我們自覺的習慣。如果有人問道：「你認爲你的男朋友（或女朋友、新車等）會永遠存在，而且一直都很美好嗎？」我們一定會馬上說：「當然不會！」我們太熟悉變化、損壞、老化、死亡的勢力了，所以不可能不這麼回答。但是對我們大多數人來說，這僅僅是腦子裡頭的認知，還不是內心由衷的體悟。只要考察一下自己內心深處對於欲求對象所抱持的態度就會發現，不管我們在理智上多麼了解變化的過程，基本上慣性的常執始終不爲所動。不妨看一看我們對某人或某物懷著強烈的貪欲時，滿懷希望、心動不已的樣子；若非抱著不切實際的期望，怎會如此激動？

不過，請大家不要曲解這一點。我不是在吹毛求疵，批評大家所有的看法都很膚淺，所有的情緒反應都是反常的。我只是想要探究，不管身在何處，我們都親身經歷過的狀況：也就是說，儘管我們的欲望旨在帶來快樂，但是實際上，我們始終覺得沒有成就感，得不到滿足。如果不了解這其中的原因，儘管我們或許存有希望，想要運用貪欲來實現我們的潛能，達到完滿的安樂，但實際上我們所抱持的任何希望都注定會落空的。

爲何老是不滿足？

那麼，到底錯在哪裡？爲什麼我們一直無法體驗到我們拚命在追求的和平與安樂？到底要怪誰或怪什麼東西？爲了解答這個問題，讓我們再密切地檢視一下，凡庸的欲望到底是如何運作的。由於我們自覺不圓滿、不安全、沒有成就感，所以一直向外尋求令我們感到完滿的人或物。我們有意或無意地感到：「只要擁有這種那種，我就會快樂！」這種想法促使我們設法占有似乎最有可能滿足欲望的東西——任何具有吸引力的對象。在這個過程當中，我們把對境偶像化，將其吸引人的特質高估到不符實情的地步。

我們企圖占有被我們高估的對象，可能會成功，也可能失敗。萬一我們的努力失敗了，還沒有辦法掌握那個對象，我們當然會失望。我們越是貪求對方，一旦無法據爲己有時，就越會感到心煩意亂。

不過，即使我們成功了又怎樣？實際的結局和我們原先的預期，完全變成兩回事。我們發現自己所擁有的，並非夢寐以求的形象——恆常、完滿而且永遠令人滿意地解決我們最深處的困境，而是和自己一樣無常、不完美、不完滿。這個人或物或許確實帶來若干短暫的歡樂，不過，它絕對不可能就此符合我們的預期。遲早我們會覺得自己受騙而感到痛心、失望。

再回到原先的問題：我們的不快樂，到底要歸咎誰？我們多半會不講理地歸咎於對境。「只要她更漂亮……」「只要他對我好一點……」「只要車子跑得更快或更新……」，只要這樣，只要那樣。一旦我們對所擁有的東西感到失望，我們滿腦子都是這種二現的思慮，不知道要找什麼東西來取代，才能夠保證獲得我們所渴求的快樂。我們知道下一步是要再去找一位新太太、新丈夫或一部新車；我們加諸於新對境的期望，還是和對待我們現在正要拋棄的對象一樣不切實際。我們就這樣一直不斷地繞圈子，在生活中做這個或那個的改變，但是從未眞正稍微更趨近我們所求的快樂和內心的安寧。

大樂和智慧結合

密續提供的是徹底治本的解決之道，必須完全轉化我們的凡庸見。這是密續修行方式的核心重點。欲望的能量原本一再地把我們推到無法稱心如意的情境，經過密續的冶煉之後，同樣的欲望能量產生質變，轉化成大樂和智慧的超凡經驗。這種大樂的智慧具有穿透力的光輝，行者專注在那上面，使它像雷射光般，刺透所有虛妄的二現投射，揭開實相的核心。

藉助大樂覺知的力量，目前由於各種不同層次的困惑和矛盾蒙蔽了我們的心，使我們無法體驗到人類潛能的全覺的這一切困惑和矛盾，全都得以有系統地加以根除。經由大樂智慧的調御，欲望的能量不再像往常般加劇我們的不滿足，反而能夠用來摧毀導致不滿足的肇因：不明瞭實相的根本無明。

西藏的密續傳承藉由以下的譬喻，來描述欲望能量的轉化。相傳有些昆蟲是從樹木生出來的：牠們的生命周期開始於在樹身內的深部孵化，接著，這些昆蟲在成長期間啃食生育牠們的樹木，靠樹木來餵養牠們。密續的轉化法門也一樣——由欲望生出深邃的智慧，這份智慧轉而把蒙蔽我們內心的一切惡業，包括生育它的欲望，全都消滅掉。

由此可見，凡庸的欲望和全覺的欲望，兩者的作用截然不同。在密續，由欲望引生的大樂經驗，足以開闊我們的心，使我們得以克服一切限制；但另一方面，由接觸悅意境所帶來的凡庸享樂，只會窄化我們的注意力，使我們偏狹地執意追求更多、更好的欲樂。由於陶醉在凡庸享樂的覺受中，使我們失去全覺的正知，陷入一種迷迷糊糊的狀態。我們的心收縮在貪欲境上面，繞著它打轉，緊緊地抓住它，想要獲得更多、更大的滿足，因而使我們越來越脫離現實。幾乎可以說，我們在強烈貪欲的魔力驅使下，陷入一種無意識的狀態。最後，當我們終於從這種呆滯、恍惚的狀態中甦醒過來時，卻發現我們先前或許經歷過的享樂全部消失了，只留下原先的不滿足。

換句話說，凡庸的享樂經驗被無明蒙蔽，一片黑暗。儘管或許有若干短暫的興奮，卻沒有清明的正念和光明。修習密續的觀念是，我們的享樂經驗必須結合光明。前面說過，男女本尊的交抱是用視覺的方式象徵這種結合——結合陽性的大樂能量和陰性洞澈、無二現智慧的能量。究竟地說，爲了眞正展現我們最深邃的本性，這兩種能量終究要結合在一起。現在我們還不習慣這種大樂和智慧的結合，所以必須下很大的功夫培養這份全覺的經驗。

量力而爲

當我們貪執享樂時，往往習慣性地陷入一種癡呆、混亂的狀態。由於這種習慣非常根深柢固，幾乎很難想像我們能夠立刻把強烈的欲望能量轉化爲清淨、開闊、澄明；那種想法並不切實際。雖然密續是邁向圓滿的全覺最迅速之道，我們還是必須量力而爲地循序漸進。否則，因爲目前我們的力量還不夠強大，沒有辦法負荷過重，最後的下場可能會像那些努力現代化的貧窮國家一樣，因爲太快地接納太多的東西，往往導致不幸的後果，使他們原本較爲單純、平衡的生活陷入一片混亂當中。急速工業化原本是爲了帶來利益，實際上卻導致比以前更大的不安和不滿。同樣地，如果我們沒有配合自己的情緒和心量的水平去修行密續的轉化法門，反而自不量力地想要承受、轉化太多的欲望能量，超過我們所能夠處理的極限，那只會把我們導向比目前更混亂的處境。

複習

1. 本章如何解析「欲樂和受用並沒有錯，錯的是我們顚倒地執取這些享樂」？
2. 本章如何解析「由於自覺不完滿，所以轉而寄望從別人身上找到自己所欠缺的品德，以期獲得若干完滿的感覺。因此，我們的行爲大都摻雜不安全感和占有欲的染垢」？
3. 密續如何提供威力強大的法門，讓我們接觸到自己內在本具的完滿？
4. 本章如何解析「男女本尊的結合和感官的快感根本毫不相干」？

5. 密續分為哪四部？各部的區別何在？

6. 為什麼說「就修行密續來說，傲慢、自負的危險性特別大」？

7. 本章如何解析「貪欲普遍存在誇張的特質和不實的投射」？

8. 您有沒有覺察到「不管我們在理智上多麼了解變化的過程，基本上慣性的常執始終不為所動」？

9. 本章如何解析「為什麼我們一直無法體驗到我們拚命在追求的和平與安樂？到底要怪誰或怪什麼東西」？

10. 本章如何解析「凡庸的欲望和全覺的欲望，兩者的作用截然不同」？

11. 本章如何解析「我們的享樂經驗必須結合光明」？

12. 本章如何解析「修行密續的轉化法門要量力而為，否則會把我們導向比目前更混亂的處境」？

13. 本章對您最大的啓示是什麼？

文殊

4

什麼是你的眞面目？

這章在說什麼

* 神聖的自我觀，使我們能夠掌握人生，創造清淨的環境，展現最深徹的本性。
* 密續的轉化方法，促使欲望能量轉爲光明、大樂的智慧，形成心性發展中一股強大的力量。
* 我們所選擇認同的本尊，是我們自己最深邃的本性、最深層心識的原型。
* 修習本尊瑜伽，能夠讓我們深刻地轉化心識，活出我們最高的潛能。
* 我們需要創造空間，讓清淨的本性得以不受干擾地發揮作用。

建立神聖的自我觀

欲望的能量可能以兩種迥異的方式影響我們。密續的轉化方法促使欲望能量轉為光明、大樂的智慧，形成心性發展中一股強大的力量。不過，就凡夫來說，這種欲望的能量往往會落入貪婪、執著的窠臼，只會削弱我們的覺知力，而且令我們更無明、更不滿足。修行人面臨的一大課題是，如何盡量精確地鑑定到底是什麼因素導致這個得不到滿足的輪迴永續地存在，然後再運用最適當的方法來對治其破壞力。唯有那麼做，密續轉化的力量才能夠充分發揮出來。

佛教的密續認為，我們之所以一直陷在得不到滿足的輪迴中，是因為我們對現實抱持狹隘、窒閉的看法。我們以執持偏頗、侷限、作繭自縛的觀點來看待自己是誰、可以變成怎樣的人，所以一直壓抑自己，自我形象低落而消極，總覺得自己的能力非常不足，毫無希望。

只要我們一直把自己看得這麼卑微，人生就毫無意義。很多人覺得人類和猴子差不多，人的心識不過是腦子裡頭一連串的化學反應和電脈波。這種看法把人貶抑成一堆物質，否定了人類更高維的生命。有些人的確是以這種狹隘的觀點來看待生而爲人的意義；對他們來說，活著的目的或許只是在肉體崩解、回歸塵土以前，盡情享樂罷了。這種悲觀的論調頗能說明現代社會中諸多疏離的現象。

密續挑戰這種不合理地貶低人類潛能的看法，教我們如何把自己和其他一切人看成美麗非凡，實際上就像天神和天女。在所有不同層次的密續當中，都被列爲不可或缺的一個修法是：化解我們對自己抱持的凡庸見，讓凡庸見在空界中消失，再從空界中生起本尊莊嚴的光明身——我們生命最深層的明淨本性所顯現出來的化身。我們越下功夫修習這個把自己看成是本尊的法門，就越不至於感到自己被生活當中庸常的失望和挫折套牢。這種神聖的自我觀，讓我們有辦法掌握人生，爲自己開創一個清淨的環境，在其中展現我們最深邃的本性。

自現本尊

我們不應把密續的禪修本尊和別的神話或宗教中所談的天神和天女混爲一談。在此，我們所選擇認同的本尊，象徵圓滿醒覺的經驗本具的品德，這些品德潛伏於我們的內在。用心理學的語言來說，這樣的本尊是我們自己最深邃的本性、最深層心識的原型。修密續時，我們專注在這種原型的意象，認同祂，藉以喚起我們的生命當中最深層、最奧妙的本來面目，然後將之導入現實。道理很簡單：只要我們認定自己本自清淨、堅強、有能力，就能夠實際開展這些品德；反之，如果我們一直自認遲鈍、愚笨，就會變成那個樣子。

在此舉一個例子說明密續的轉化之道。我們可能觀想自己是文殊——猶如王子般的本尊，身色紅黃，右手執妙觀察智之劍，左手持般若波羅密多經。（不管男女都可以這麼做，因為密續的觀想，完全超越凡俗所認知的男女相。）其實這種觀想出來的形象，並不是眞正的文殊。充分實現潛能的心所具有之徹底無礙的慧觀，這種智慧本身才是眞正的文殊。我們觀想自己現爲這一位本尊，是爲了加速開展我們內在本具的智慧。例如，文殊的雙刃劍，象徵諸佛的妙觀察智已經斷除所有的邪見和迷信，有能力明辨眞妄、正邪。我們越是認眞地認同這樣的本尊，熟悉祂身上每一個徵相所代表的意義，就越能夠更深刻地激發我們內心潛藏的本尊功德。

在修行的初期，自觀本尊的過程大抵是造作的。但是只要如法地勤修本尊瑜伽，總有一天我們所看到和感受到的自生本尊，將遠比目前的自我形象更清晰、更眞切。我們的心，眞的會變成本尊的心。平常的感官經驗，如見、聞、嚐等等，都會轉爲本尊大樂的受用。這不是天方夜譚。這種轉化是往昔無數密續禪修家親身的體驗，只要我們努力以赴，一旦功夫到家，沒有理由說我們不可能獲得同樣非凡的成果。

什麼是你的眞面目？

你也許會問：「爲什麼要自現文殊或其他本尊？身爲男人或女人已經夠麻煩了，爲什麼還要改變外表，戴上另一個面具——文殊的面具？」

我們必須記住的是，當我們自現爲文殊，並不是在化現一個有別於自己本來面目的個體。當下我們的內在，就已經具有這樣的神聖化身淵深的品德。我們之所以要修習自現本尊，是爲了更充分地認知、培養這些內在本具的品德，以免一直悲慘地困在自憐的心態中，作繭自縛的投射：我醜陋、愚笨、衰弱、一文不值。

你或許還是會質疑：「爲了上述的緣故所現出來的文殊或其他任何一位密續本尊，怎麼可能是我的本來面目？我長得一點都不像所有這一切本尊。我既不是橘紅、藍色或綠色，也不像多數的本尊不止有一面二臂。」諸如此類的異議，理所當然會出現。如果我們眞的要平息這種諍論，首先必須認眞地審察，到底我們認爲什麼是自己的眞面目？我們是何許人？

首先，你現在的臉不是你，你的骨頭和肌肉也不是你。你的血、你的肉或身體其他任何部分，都不是構成你這個人的要素。不妨說，你的身體就像一部機器人，本身沒有辦法發揮作用，必須靠別的東西去操控。就像電腦程式操控機器人，讓它發揮作用；同樣地，身體的生命是心（或意識、心靈、靈魂等，不管你愛怎麼稱呼它）賦予它的，要尋找自己實質上是誰，或是想知道爲什麼你會這麼過活，都必須看透你自己的心。

其次要了解的是，從出生到現在，你已經以許許多多不同的方式現身了。我們之中沒有一個人是一成不變的。例如，怒氣衝天時，你看起來就像魔鬼；但是在其他時候，當你滿懷慈愛時，看起來就像美麗的天使。所有這一切現身——憤怒、安詳、嫉妒、慈愛、悲憫、愚笨或聰明，沒有一個主要是由你的身體、生理的形相生起的；這一切都來自你自己心意識的力量。心有能力產生千千萬萬種不同的情緒和心態，而身只能跟著心走，不能自主。儘管如此，我們卻往往認同身，而不認同心；就好像身體才是主人，而不是心。我們幾乎成了身體的奴隸。只要打開電視幾分鐘，就會明白我們的文化多麼賣力地養身，卻又多麼地不在乎養心，難怪世事這麼混亂。

本尊瑜伽

我們不僅錯在把身看得比心更重要，也錯在不了解「粗分身」並非唯一的身。這方面以後（第10章）還會談得更多。簡單地說，在我們的凡庸身之內，存在著更微細的「意識身」。之所以會這麼稱呼它，是因爲它和深層的意識有密切的關聯。大樂智慧潛在的能量來自這些更微細的層次，這種能量足以徹底轉化我們生命的品質。密續的本尊正是象徵這種大樂智慧能量的極致。我們可以說，這樣的本尊（不管是什麼顏色、有多少張臉），正象徵著我們實質的眞面目，而且我們可以變成本尊。因此，本尊瑜伽是非常實用的法門。

透過有系統地修習本尊瑜伽，能夠讓我們深刻地轉化心識，活出我們最高的潛能。這和無中生有的幻想完全是兩回事，毫不相干。

剛開始修本尊瑜伽時，或許會覺得非常生疏而不切實際。不過，只要我們回想起甚至在好疑的西方，類似的技巧都已經被肯定有其價值，則本尊瑜伽的功效，由此可見一斑。例如，在許多有跡可查的案例中，有些人光是透過富有創意的觀想過程，就把自己的癌症和其他重症治好了。這些人不執著「我罹患癌症，快要死了」的想法，反而把自己看成是完滿、健康的。他們從內心解除自己正在患病的形象，代之以光輝而有活力的意象。在許多時候，甚至是在醫生放棄一切希望之後，這種取向都被證實有效。

身心的健康主要和我們的自我形象有關。不管是基於什麼理由，自暴自棄的人必定一蹶不振；反之，懂得認知並發掘內在資源的人，甚至連最困難的處境都能夠克服。本尊瑜伽是提升自我意象最奧妙的方法之一。這就是爲什麼我們說，密續是非常迅速而有力的法門，能夠讓我們徹底實現自己內在雄厚的潛能。

堅信凡常的表相是最大的絆腳石，讓我們無法成功地轉化爲本尊。只要我們還對自己存有凡庸觀，就沒有把自己看成佛的餘地。如果我們一直很強烈地認同自己的粗分身，就不可能眞的把自己看成具有本尊透明的亮光身。同樣地，如果我們一直認爲「心」實質上不外是掠過心識的煩惱和粗浮的概念，必然無法觸及生命清淨的本性。

如果我們眞的想要獲得完全自我實現的滿足感，就必須想辦法擺脫凡庸表相和概念的壓迫。我們必須由衷地體認到，繼續以目前這種膚淺、囿限的方式看待自己的身心和自我的形象，是多麼可悲、悽慘！我們必須了解，無知地接受凡庸相，只會令我們更加困惑、不安，沒有滿足感。

云何降伏其心？

我們所有的猶豫不決和恐懼的傾向，都是二現心的徵候；這種心會攪出一大堆似乎沒完沒了的矛盾思想：「我眞希望自己看起來很好，不過我恐怕看起來很糟！」這也說明了，我們通常是多麼膚淺地對自己下判斷。身體的表相畢竟不是衡量任何男人或女人實際價値的標準；然而，生理上微小的缺陷，不管是眞實的或想像的，往往足以令我們焦慮不堪。甚至有人覺得自己太醜陋、一無是處，非常自暴自棄，因而把自己活活餓死。這是極端的例子，不過我認爲，大多數人都用某種理由來貶低自己，而把自己弄得慘兮兮。

有時候我們的心似乎一下子就奔向四面八方，拚命地追求這個或那個。這到底是爲了什麼？我們是在尋求一種莫名的東西，來滿足我們所渴求的穩定和安全感。我們通過一個又一個經驗，總希望在下一個經驗當中找到我們所尋求的東西——不管那是什麼。結果是，我們的心一直非常散亂，無法安定下來。我們很難全神貫注在當下正在做的事情上面，因爲某部分的心已經不滿足，開始尋找虛幻的別種東西。即使是正在做一件自己喜愛的事情，也會非常容易失去專注力。因此，我們不但無法發現人生更崇高的意義和目的，在俗事上也經常失敗。

囿限的自我觀（受限於盲目地相信凡庸的表相），必然導致我們傾向於從外在尋求解決困境的途徑。

我們一向慣於把自己看成不完美，根本上有所欠缺，所以從來不曾動腦筋去探索自己內在的資源，靠內在的力量來解決困境。相反地，我們以爲只要設法獲取外在的某種東西，就能夠滿足我們的需求。我們大家都應當看得出來，這種做法顯然徒勞無功。

到底我們可能把怎樣的人或物據為己有才會安心，而結束這種汲汲營營的追求呢？只要內在不完滿，無論是世界上最漂亮的女人、最英俊的男人、最時髦的服裝、最珍貴的珠寶、最巧妙的新主意，這一切無一能夠止息我們的渴欲。只要我們還認為可以從外在找到歸依來解除生命的困境，就沒有辦法眞正安下心來。擁有財富和權力，絕非解決之道。世界上所謂的先進國家，酗酒率、離婚率和自殺率居高不下，證明光是擁有物質，不能夠滿足貪得無厭的心。

即使我們從物質的對象轉向層次較高的心靈世界，尋求解決我們的困境，囿限的自我觀還是會嚴重地限制我們所可能獲得的實益。宗教界的修行人往往會覺得自己猶如身陷低窪的泥淖，和遠在天邊的高靈之間，有一道無法跨越的鴻溝。我們越低估自己的潛能，就會越可憐地哀求。我們可能會吶喊：「上帝，請救救我！」「佛陀，請幫助我！」其實，只要我們仍舊把自己包裹在自憐的情懷中，我們到底能夠從中獲益多少，實在值得懷疑。

改造內在

運用密續的技巧，認同自己是本尊，可以對治這種自憐的心態。我們越是能夠認同自己具有清淨光明的身與心，便越能夠開放自己，接納內外在有益的力量。

前面我們提到過，如何透過富有創意的觀想，召喚天生的療癒力，甚至治得好最嚴重的疾病。這個例子顯示，身和心相互依存，而我們的遭遇主要是由心塑造出來的。具有積極的自我意象，行為自然會充滿自信，帶給人活力充沛的印象。反之，如果我們看輕自己，就會顯得懦弱、頹廢，給自己招惹很多困境，而且很容易遭遇意外和罹患疾病。

「福禍無門，唯人自召。」我們的經驗一再地證實，成功或失敗，健康或生病，漂亮或醜陋，快樂或沮喪，根本上取決於自己內心的看法。但是，當我們面臨人生的困境時，往往還是習慣地從外在謀求解決之道。我們往往不反求諸己，直接處理自己的心，培養一種能夠轉化境遇的心態，反而非常膚淺地試圖改造外在的環境來抒解自己的困境。其實，這種做法絕對不可能帶來持久的滿足。不管我們就生命外在的各方面做了多少改變，只要自己的內心沒有隨著做深刻的轉化，都是治標而不治本，頂多只能夠暫時奏效。困境遲早會捲土重來，我們還是會和從前一樣無法稱心如意。

開創內在的空間

雖然我們都具有清淨的本性，卻不容易和它取得聯繫。我們的心平常的運作方式相當粗浮，使得這個更深邃、更微細的心靈感應完全被埋沒，所以我們對於它的存在根本渾然不覺。要聯繫這個微細的本性，必須止息所有的散亂心，靜下心來，同時鬆解凡庸的表相和觀念加諸於自己的束縛。換句話說，我們需要開創空間，讓清淨的本性得以不受干擾地發揮作用。那之後，當我們運用密續的技巧觀自己為本尊，就不再是做作的；我們將能夠把存在於生命深處——我們內在神聖的品德，帶到表層來。

開創內在空間的方法，包含在密續各種不同的前行法。如果我們不先修習這些前行法，就想運用密續強大的轉化能量，絕對不可能成功，甚至反而會對自己造成很大的傷害。就好比威力強大的噴射機，可能是兩地之間最快捷的交通工具，可是如果把一個從未受過訓練的人放進駕駛座，必定會造成災難。同樣地，雖然密續是達到圓滿菩提、佛果最迅速的捷徑，但是如果我們的身心沒有先做好準備就去修密續的法門，將是十分鹵莽的做法，那也表示自己對修行密續整個目的所在，根本完全無知。

複習

1. 您有沒有思索過「什麼是我的眞面目」？閱讀本章之後，您是否得到解答？
2. 本章如何解析「佛教的密續認爲，我們之所以一直陷在令人不滿的輪迴中，是因爲我們對現實抱持狹隘、窒閉的看法」？
3. 爲什麼密續要透過自現本尊，建立神聖的自我觀？
4. 您有沒有察覺到「我們往往認同身，而不認同心；就好像身體才是主人，而不是心。我們幾乎成了身體的奴隸」？這種自我認同錯在哪裡？如何矯正？
5. 何謂「本尊瑜伽」？修本尊瑜伽有什麼好處？
6. 本章如何解析「如果我們眞的想要獲得完全自我實現的滿足感，就必須想辦法擺脫凡庸表相和概念的壓迫」？

7. 本章如何解析「我們一向慣於把自己看成不完美，根本上有所欠缺，所以從來不曾動腦筋去探索自己內在的資源，靠內在的力量來解決困境」？

8. 本章如何解析「不管外在做了多少改變，只要內心沒有做深刻的轉化，都是治標不治本，人生的困境遲早還是會再出現」？

9. 本章如何解析「修密續必須先修習前行法？不修前行法會有什麼弊害」？

10. 本章對您最大的啓示是什麼？

5

出離心——堅決的超脫

這章在說什麼

＊眞正的出離心，建立在了悟凡俗欲樂的低劣，不如喚醒潛伏內在的能量，實現最深徹的潛能所帶來的非凡大樂。

＊出離不是指放棄享樂；享樂並沒有錯。必須拋棄的是，對於享樂所抱持的貪婪、誇張、扭曲、垢穢的心態。

＊「出離心」的藏文字義是「堅決的超脫」，那是指深刻、由衷地下定決心，要超脫凡俗生活周而復始的挫折和失望。

＊「放下」不是指什麼都不要，而是指不要握得那麼緊，放鬆一點，更單純、更隨遇而安。

＊滿足不是靠物質的外境，而是來自內在的單純。

＊如果不懂得放鬆、不懂得滿足現狀、不懂得欣賞周遭的自然美、不懂得安於單純，即使你擁有全世界的錢財，還是會活得很悽慘。

徹底放下貪執

我們已經談過一些開創內心空間的前行法。例如，唯有當我們覺悟到，往常一味地貪執感官欲望，這條路是行不通的，那樣一來，我們修行密續才可能有功效。我們必須深入、由衷地領悟到，這種貪著不可能帶來滿足，只會帶來痛苦和失望。如果我們看不出庸常的貪圖欲樂，如何把我們緊緊地繫縛在周而復始的失望之輪（輪迴）當中，修行密續時，我們照樣會重蹈覆轍，和往常追求欲樂一樣，犯同樣的錯誤：每當修法嚐到樂受時，就緊抓著不放，以為那是自性存在的，必定會令我們受用無窮；我們就像蜘蛛等候蒼蠅一樣，貪婪地捕抓任何誘人的經驗。試圖從外境榨取歡樂，完全是顚倒妄想；抱著這麼不切實際的心態，絕對無法了解眞正的滿足。如果我們不放下這種貪婪，無意間又會把密續變成另一番無意義地兜圈子的旅程。

眞假「出離」

首先，我們必須發展適度的出離心。出離心和我早先所批判的畏縮、排斥的心態，往往被混爲一談，所以，或許我先談一談「什麼不是出離心」。

遭逢困境時，我們可能會放棄或逃避，這也許會被稱爲出離，但這不是出離輪迴。或者，和朋友發生糾紛，令我們傷心地搬到另一個城市，避免更加痛苦，這也不算是出離。或者，由於不能夠適應社會，我們跑到叢林裡，宣稱「我完全出離世俗生活」，過著像野獸般的生活，毫無文明的便利，我們肯定是出離了某些東西，不過，這仍然不算是眞正的出離。

我們或許會以爲出離心和宗教的行儀有關，只要我們研習教法、練習禪修，就算是眞正有出離心的人了。其實，未必如此。如果有人批評我們：「你們只是在做怪誕的東方之旅！」我們聽了就會不高興，這表示我們根本還沒有出離心。這也表示，我們不但沒有出離心，反而執著宗教，就像貪婪感官的對境一樣。換句話說，抱著貪婪的心態修行，無異是變相的凡庸貪著。

發展眞正的出離心，意指不再依賴感官欲樂來獲得最根本、究竟的安樂，因爲我們明白，寄望從這種有限、短暫的現象獲得深度的滿足是徒勞無功的。我們一定要明白這一點。出離心不等於放棄或否定享樂，而是指棄除對於凡俗的享樂抱持不實的期望，這種期望本身會把享樂轉爲痛苦。値得一再聲明的是，享樂並沒有錯，必須拋棄的是我們對於享樂所抱持的貪婪、誇張、扭曲、垢穢的心態。

堅決的超脫

「出離心」的藏文字義是「堅決的超脫」，那是指深刻、由衷地下定決心，要超脫凡俗生活周而復始的挫折和失望。簡言之，出離心是指對於周而復始、一再發生的困境，感到非常厭煩，最後終於打定主意，不再貪著這個或那個，轉向別的途徑，追求令人滿意而且有意義的人生。因此，培養出離心或堅決的超脫，意思是說必須捨離貪著那種頑強的積習，以免阻礙我們充分體現人類的潛能。

在生命中的某些時刻（將在第10章討論），我們的感官會自動抽離它們的對境，那種體驗不妨稱之爲「自然的捨離或出離」。在那種時刻，沒有什麼好讓我們抓取或貪著的。在這種狀態下，就算最誘人的感官對境當前，我們也不會著迷、分心。不過一般來說，感官經驗的對境當前時，我們絕對超脫不了。我們一直不斷地沉迷在永無休止的感官印象之流，永遠在搜尋新鮮、刺激、有趣的東西。擁有一部車子還不夠，我們要兩部；有了兩部還是不過癮，我們要一艘船；甚至有了船也不過癮，我們要更大的船，就這樣一直沒完沒了。這就是不滿足，和眞正的出離心或超脫的心正好相反。

滿足來自內在的單純

我們必須想辦法學會活得自然，自然而然地捨離物質的對境，不再貪圖這個或那個。並不是因爲我這個落後的西藏人嫉妒富裕的西方人才這麼說，也不是因爲你們富有而其他人貧窮，就說你們不好。我只是試圖解答：「爲什麼我們不滿足？」

我們總是可以把不滿足歸咎於某個外在的原因——「這個不夠，那個不足」，但是這絕對不是我們不安、失望眞正的源由。有所欠缺的是內在，這是我們大家都必須承認的事實。滿足不是靠物質的對境，而是來自單純，內在的單純。

談到放下，我的意思是更單純、更隨遇而安。「放下」不是指什麼都不要，而是指不要抓得那麼緊，放輕鬆點。世界上有很多可供享樂的東西，不過，如果你緊張、憂慮、提心吊膽地把守錢財，財富只會令你越來越不快樂。如果不懂得放鬆、不懂得滿足現狀、不懂得欣賞周遭的自然美、不懂得安於單純，即使你擁有全世界的錢財，還是會活得很悽慘。

著眼於非凡的大樂

所以，出離不是指放棄享樂。絕非如此！一般來說，佛教，特別是密續的整個哲理是，我們人類實質上有無窮的潛能，所以應當盡可能地力求最高的享樂。眞正的出離心是基於體悟到凡俗享樂的低劣。比起喚醒潛伏於我們內在的能量，實現最深徹的潛能所帶來的非凡大樂，凡俗的享樂根本微不足道。

凡俗的欲樂不僅低劣，而且攫取它們還會阻礙我們體驗徹底自我實現的無上安樂。貪婪、強取的態度猶如麻醉品，使得我們清明的本性變得呆滯；我們會越來越深陷在凡俗表相的世界，越來越背離本性。發展出離心的意思是說，我們必須體悟凡常依賴感官的享樂，到底是如何令我們無法品嚐更高尙、更圓滿的安樂。

適切地發展出離心，使我們得以擺脫往常對於感官享樂強制、侷限的依賴。我們越是了解感官的享樂不可能帶來我們所追求的持久安樂，就越能夠降低期望，變得比較腳踏實地。我們會覺得比較安心、自在，不會因爲渴求感官的享樂或懷著罪惡感排斥它而緊張不安。令人不愉快的情境再也不會那麼困擾我們。無論有什麼令人愉快的體驗，我們都能夠泰然處之，得多少算多少，既不強求，也不會奢望得到更多。我們之所以能夠這麼輕鬆自在，是因爲我們了解這些感官的享樂稍縱即逝，非常短暫，而且我們把目標設定在獲得更高層次的安樂：實現我們的本性。內心懷有這個超凡的目標，就不會因爲經歷稍縱即逝的享樂而過度興奮，也不會因爲事情不順遂而沮喪。換句話說，我們不再皈依感官的對境，而是依靠自己內在的潛能，化解我們的不滿足感。

放棄虛僞的皈依

傳統上，「皈依」這個用詞出現在佛教徒經常課誦的皈依文，反覆地宣示對導師、教法及僧團的信心：「我皈依佛，皈依法，皈依僧。」在此，我借用它來表達我們一向是以近乎宗教的熱誠和信念，皈依稍縱即逝的感官享樂。例如，某一天我們可能想：「哦！我沮喪極了，不如到海邊去。」於是開車去海邊，跳下水，像魚兒一樣游來游去，然後躺下來曬太陽。開始覺得無聊的時候，就想：「我餓了，小吃攤在哪兒呢？」然後拚命吃垃圾食物，把自己撐得飽飽的，希望從我們貪婪地吞下的冰淇淋、爆米花、可樂和巧克力當中，獲得若干滿足。我們皈依這些東西，是爲了擺脫沮喪、無聊，唯一的下場卻是肥胖，以及把自己曬黑了。

我們總是拚命地追求注定無法獲得的滿足。佛教談到皈依，強調的是擺脫這種追求。眞正的皈依牽涉到心態的改變——因爲看透那些吸引我們的東西，實質上稍縱即逝，究竟毫無價值可言。一旦看清我們一向追求的東西本來就無法令人滿足，原先對它們所懷抱的那種無法克制的渴求就會自動消退，令我們貪得無厭的驅迫力也會平息下來。我們再也不會由於命運多變而動盪不安；我們獲得空間，可以開始叩啓內在的潛能。

複習

1. 本章如何解析「如果我們看不出庸常的貪圖欲樂，如何把我們緊緊地繫縛在周而復始的失望之輪（輪迴）當中，修行密續時，我們照樣會重蹈覆轍」？
2. 本章如何解析「堅決的超脫」？
3. 本章如何釐清「眞假出離心」？
4. 本章如何解析「發展出離心，令我們由原先追求低劣的凡俗欲樂，轉而著眼於實現最深徹的潛能所帶來的非凡大樂」？
5. 本章如何解析「滿足來自內在的單純」？
6. 本章如何解析「我們一向是以近乎宗教的熱誠和信念，皈依稍縱即逝的感官享樂」？
7. 本章如何解析「眞正的皈依」？
8. 本章對您最大的啓示是什麼？

6

菩提心——修行密續之鑰

這章在說什麼

* 菩提心不但是密續主要的前提，也是最重要的成果。
* 愛惜自我是一切困厄和不滿足之因，愛惜一切母有情勝於己，是一切證量和智見之本。
* 要成就大徹大悟的遍知，唯一的途徑是打破愛惜自我。
* 菩提心的奉獻精神含有強力的能量，足以徹底轉化我們的心。
* 以悲心取代自憐，便會發現自己內在隱密的力量和智慧的寶藏。
* 有了平等心，就能夠迅速、輕易地培養菩提心。
* 菩提心清明而隨和，兼具冷靜的智慧和深徹的慈悲。

自利或利他

到目前是就自我實現來談修行之道。由於了解到我們慣常和悅意境之間牽連、互動的方式，讓我們一直陷在永不滿足的輪迴，促使我們越來越想要啓動更深層的生命。我們的目的是爲了獲得穩定、可靠的安樂，不受環境變化的擾動，也不受時間推移的影響。不過，即使懷有這種更崇高的抱負，想要掙脫欲望和不滿足，令人沮喪、消沉的輪迴，這樣還是不圓滿。爲什麼？因爲那主要還是只顧一己的福祉。

以往我們的欲望或許僅限於想要擁有感官的對境，而今發展了若干出離心之後，那些欲望被導向想要實現最深層的潛能。不過，重點仍在於：「我要這個，不要那個。」這種氣量狹窄的關懷一己的安樂和解脫，使得我們不可能實際發揮人類理性和感性的心之廣大潛能。這種自我中心的關注，認爲自己一個人的福祉最重要，而凌駕其他無數的有情——他們也和我們一樣遭遇生命的困境。這種十分狹隘的觀點，必然導致內心封閉。即使不是非常自覺地說出來，但這就好像我們覺得：「我是世界上最重要的人，別人的問題都無關緊要，唯獨我自己的安樂才重要。」

只要我們還牢牢地專注在自己短暫或究竟的安樂，就不可能體驗到眞正開放的心是多麼廣闊無邊。唯有超脫偏狹、愛惜自我心態的限制，才能夠成就圓滿菩提、佛果的遍知。歷來所有的高人都明白地開示，氣量狹窄、自我愛惜的習性，只會導致心靈的窒閉。如果我們渴望實現最高的潛能，甚或只是想要在我們的日常生活中獲得若干世俗的滿足，都必須克服自我愛惜，盡量徹底地獻身於其他有情的福祉。唯有如此，我們的心才可能完全開放；也唯有如此，才可能體驗到恆久的安樂。

簡言之，「奉獻」是指內在開創出善能量的氣氛，決心盡量和別人分享這份快樂。依照佛教心理學，如果你沒有相當程度的奉獻精神，絕對不可能徹底地滿足，反而會一直感到寂寞、無聊。正如班禪喇嘛編著的密續法本《供養上師》第九十四首偈中說的：

愛惜自我是一切困厄和不滿足之因，
愛惜一切母有情勝於己，是一切證量和智見之本。祈請激勵我，把自我愛惜轉爲關愛其他一切有情。

這不是複雜的哲學理論，而是很單純的告白。反觀我們自己的人生經驗，就會明白自我愛惜是不是我們所有的困惑和挫折的源由。

班禪喇嘛接著建議我們，好好地看一看釋迦牟尼佛一生的作爲。佛完全捨棄貪愛自我，徹底地獻身於其他有情的福祉，因而達到圓滿菩提、佛果無與倫比的喜樂。反觀我們自己，老是掛念我、我、我，所得到卻只是無盡的苦厄和失望。這是非常鮮明的對比，不必仰賴班禪喇嘛或其他權威人士，就可以明白箇中的道理。在自他的生命當中，在在都可以得到證明。只要審愼地考察一下，就會很清楚地看出來：狹隘的自私心顯然總是帶來失望。同樣明顯的事實是，毫無保留地獻身其他有情，必定會帶來安樂和幸福感。

開放心・菩提心

我們已經明白，何以習以爲常地貪著感官的對境，使我們無法如願以償地獲得安樂和滿足。因此，如果我們眞的一心一意想要獲得人類最高的安樂，就必須透過發展出離心，在內心騰出空間；也就是說，我們必須戒除貪得無厭地追求感官享樂的積習，才可能體驗到眞正的安樂。同樣地，只要我們依舊過度關心自己的安樂，就絕不可能體驗圓滿佛果至極的安樂。換句話說，如果我們想要到達我們所能夠達到的最高目的地（菩提或佛果），那麼，在我們修行佛道時，就必須培養我們內心所能發出的最崇高的動機。

依佛教的術語，這種至高無上的動機，稱爲「菩提心」，那是一分驅策力，爲了使自己有能力提供其他有情最大的利益，因此發願達到圓滿的菩提、佛果。唯有致力於謀求一切有情的安樂，也就是說，唯有透過培養徹底開放的心——菩提心，自己本身才可能體驗到至高無上的安樂。

菩提心的奉獻精神含有強力的能量，足以徹底轉化我們的心。這不是盲信，憑我們自己的經驗就可以證實。一旦我們的內在生起菩提心，就會如磁吸鐵般地把生命中一切美好的事物吸引過來，毫不費力地像降雨般傾注到你身上。因爲我們的內心目前充滿了自我愛惜，所以吸引來的似乎都是厄運。但是，一旦我們發了菩提心，自然會吸引好友、美食等一切美好的東西。

正如達賴喇嘛尊者說的，如果你要自私，至少要明智地自私。這個聽來古怪的忠告是指，從某一方面來說，菩提心好像是極大的自私心：當你本著慈愛獻身其他有情，得到的回饋是前所未有的安樂。我們平常得到的快樂非常少而且容易失去，如果你想要盡可能保持快樂，唯有全心全意地致力於其他有情的福祉。

超脫自我愛惜

我們不應認爲菩提心是「宗教的」態度，只能憑宗教信仰去相信、接受。這種殊勝的慈悲觀，是源於清楚、透澈地看出我們自己實質的眞相和其他一切有情的眞相。每當我們只關心自己，似乎總是克服不了困境。由於一心掛念著「我」，我們的內心充滿了憂愁、焦慮——「也許我不夠好看」「也許別人不喜歡我」「我不知道會不會成功」等等。凡是關聯到「我」的每一件事情，都變成是一個令我們煩惱的問題，對我們的健康、幸福和安全造成威脅。

唯有把心開放給其他有情，才能夠擺脫這種神經質的罣礙。眞正關切別人的福利，自然（至少有一會兒）不會再那麼關心自己的問題。當我們以悲憫其他有情的心來取代自憐的心，便會發現我們內在隱藏的力量和智慧的寶藏。據說，光是擁有這份大慈大悲的菩提心，就稱得上是一種大徹大悟的體驗。當我們在自己的心識開放了這樣的空間，我們的個性將會大幅地轉變，遠比以前更寬宏大量。我們再也不會故步自封地禁閉在氣量狹窄的格局之中，而是邁向更廣大、關懷萬有的領域。這樣一來，我們大多數的困境自然而然得以化解。

我們往往在生活中小題大做，使得小小的困境變成大大的麻煩。隨著我們開展菩提心的宇宙觀，這些芝麻小事再也不會困擾我們。當我們卸下自私自利的重擔，即可淺嚐通常是伴隨修行圓滿而來的徹底解脫的自由。諸如此類的經驗令人鼓舞，因爲它們很具有說服力地顯示，修心轉念在日常生活當中的確有實用的價値。

切莫誤解菩提心

有些人初次聽到菩提心時，會誤以爲那是感情用事、非常情緒化的心態：「哦！我多麼希望人們快樂！思及他們的苦，我簡直無法忍受。」別人的需求令他們窮於應付，所以內心感到十分沮喪。其實，眞正的菩提心完全不是這麼一回事，菩提心和這種苦惱、癱瘓的心態毫不相干。相反地，菩提心清明而隨和，兼具冷靜的智慧和深切的慈悲。菩提心是這樣一種心態——完全敞開我們的心，而且竭盡所能地讓自己的心保持完全開放。

也有許多人初次聽到菩提心的教法時，會有另外一種錯誤的看法，認爲在他們終究成佛之前，沒辦法有任何的作爲，完全幫不了其他有情；理由是，爲了能夠用最深入、最圓滿的方式利益其他有情，我們有必要把自己內在的潛能發展到十足、圓滿。他們認爲：「首先，我必須努力用功好幾年，然後才能開始修心。經過一段長時間之後，或許我可以發展出離心和菩提心；那之後，在遙遠的未來，當我成佛時，我就可以開始利益其他有情了。」

這種心態完全錯誤，用這種刻板的觀念看待如何發展自己的修行生涯，只是在添加自己的負擔，給自己找麻煩。那只不過是另一種方式的作繭自縛，另一種狂想。如果我們眞的堅信這麼刻板的人生計劃，在死亡出其不意地到來之前，我們可能甚至都還沒有開始起修！

事實是，我們可以一面培養導向菩提、佛果的慈悲、智慧和其他的慧觀、智見，一面持續不斷地幫助其他有情。

首先，僅僅是單純地過活，一心努力克服自我愛惜，自然就是在利益其他有情。

其次，心性發展的每一個階段，從頭到尾，都有其力道和功夫。我們的修行達到什麼程度，就可以幫助其他有情到達那個程度；不過，我們應當量力而爲，在目前的能力範圍內幫助其他有情。自以爲在成佛之前不能夠有所作爲，其實是相當自我本位而無知的想法，反映出自己基本上對於整個修行的眞義有所誤解。

這種誤解和我們這一生當中一直抱持的心態有關。例如求學時代，我們想：「我現在必須學習這些無聊的科目，才能通過考試、取得學位、找到好工作、賺很多錢，然後我就會快樂了。」這一切都在強調未來——「等到我有足夠的錢」「等到我有自己的房子」「等到我退休」，而這很容易套用到我們的修行上：「等到我修行圓滿」「等到我成佛」。其實，這些都是顚倒的煩惱見。憧憬夢幻不實的未來，使得我們當下的行爲也一樣不切實際。

我們一定要了解，眞正的修行是時時刻刻、日復一日都要力行實踐的。我們殫精竭慮地盡力而爲，把所作所爲的一切全部迴向給其他有情，讓他們獲益。盡量單純地生活，這本身就會對其他有情裨益良多，不必等到成佛才能開始有所作爲。

平等心是基礎

只要對菩提心的理念和心理狀態有清晰、扼要的認識，而且日常生活當中的一切作爲都設法懷著這種利他的精神，開放心胸，獻身於其他有情，實際去試驗，身體力行，就稱得上是老實修行，這樣就夠好了。當然，眞實的菩提心是自動自發地關心其他有情勝過自己的一種心境，這是相當高深的證量，在到達這個境界之前，我們還有一段長遠的路要走。並非單靠發願，就能夠開展完全開放的心，我們還必須長期、按部就班地實修才行。

在我的心目中，佛教的優點之一是提供我們一套實用的修心法門。佛教不是說：「菩提心很奇妙，因爲佛陀這麼說！」而是提供發展菩提心的方法，讓我們親自去驗證它行不行得通，奇妙不奇妙。

依照這些方法，我們首先必須有平等心。就像平地是蓋房子的基礎，同樣地，平等心——對其他一切有情一視同仁的心態，也是培養菩提心的基礎。依照往昔禪修家的經驗，一旦成就這種平等心，你就能夠迅速、輕易地培養菩提心。不過，因爲我們有根深柢固的習慣，嚴格地區分友、敵和陌生人，所以不容易成就這種一視同仁的平等心。我們懷著強烈的貪欲，貪戀、執著於親愛的朋友，懷著惡感、敵意排斥不喜歡的人，至於看起來既無益也無害的其他無數人，我們對他們視若無睹。只要我們還受制於這種貪著、厭惡、冷漠的心態，就絕對不可能培養珍貴的菩提心。

平等心不是知性的概念；它不僅是一套讓人在腦海裡把玩的思想或觀念，相反地，平等心是心識或覺知的一分特殊品德，是藉由持續不斷的熟練而達成的一種心境。你必須相當下功夫，努力以赴，才能發展得出來。換句話說，你必須修心，轉化你對待其他有情的基本態度。例如，當我在禪修課程初次遇見一群新人，我對每個人都一視同仁。以前我從來沒有見過他們，這些人就像洋菇一樣突然冒出來，我沒有時間對他們之中的任何人發展出貪著或厭惡。在我看來，他們似乎都一樣。如果我把平等地對待素不相識的新人的這份心，套用到貪著的愛友和討厭的仇人、愛挑剔的人身上，就可望開始對每一位有情發展眞正的平等心了。

如何禪修平等心？

有一套周詳的禪修技巧，可以用來充分發展平等心。以下是簡要的說明：

＊先想像三個人圍繞著自己：最親愛的朋友、最憎惡的仇人和素不相識的陌生人。有一種做法是，觀想朋友在背後，仇人和陌生人在面前，其他一切有情以人的形相群集在周圍。

＊以這種方式安排好你周遭圍繞的有情之後，接著，審愼地考察你對其中每一個人的感覺，並且分析爲什麼你會對他們做這樣的歸類。

- 自問：「爲什麼我只對其中一人懷有親近感，對其他人卻不然？」
- 你會發現你的理由很膚淺，只是基於你挑出來的少數幾個事件而已。

• 例如，你稱第一個人爲朋友，可能是因爲每當你想到她時，就會記起她的慈心和溫情。第二個人看似仇人，是因爲你記起他曾經做過或說過的一些特別惡劣的事。至於把第三個人稱爲陌生人的理由是，你想不起他曾經幫助或傷害過你。

• 造成這些不同反應的理由，其實很武斷。如果你誠實地搜尋自己的記憶，必定會發現在許多狀況下，你沒有辦法很心安理得地把你所考量的這三個人，放進你對他們所做的非常僵固的歸類之中。

• 你可能很容易回想起，你現在非常憎惡的仇人，在很多時候曾經仁慈地對待你；現在相當喜愛的朋友，曾經激怒過你；甚至你現在漠不關心的人，也曾經一度具有重大的意義。如果你認眞地這樣省思，就不可能繼續像現在這樣用先入爲主的偏見看待這些人。

• 當你反省到，每一位有情在無始的過去生中，都和今生的朋友和仇人一樣，曾經友善或無情地對待你，你就會明白，一切有情都曾經一再地做過自己的朋友、仇人和陌生人，就這一點來說，大家都是平等的。

＊用這個方法修心，你對朋友的貪著、對仇人的厭惡，以及對陌生人的冷漠，便會開始平息下來；這是你開始萌生平等心的前兆。

＊執持這份覺受，再接再厲地修習，平等心必將會成爲你內心的主體。

禪修平等心是促進心理健康的妙方。與其每小時付幾百塊美金去看心理治療師，不如禪修平等心！閉上你的眼睛，不要理會身體所有的覺受。抛開五官的知覺，用心強烈地覺知平等心的體驗，讓自己深刻地沉潛其中，你一定會變得更平衡、開放、安詳。甚至在做完這種禪修十分鐘後，你就來到一個迥然不同的世界。

關於平等心的誤解

關於發展平等心，有一個常見的誤解。有些人認爲平等心是指，你變得要冷漠地對待每一位有情。他們擔心如果減輕對親友的貪著，他們的愛心和溫情也將會消失。其實沒有必要擔這個心。眞正懷有平等心的人，絕對不可能對任何一位有情封閉自己的心。

我們要克服慣常傾向於刻板地把他人歸類爲朋友、仇人和陌生人的習性，訓練自己觀看每一位有情基本的平等性。越是在這上面下功夫，內心便會越開放，慈愛的心量也會隨著增長無盡。一旦我們消除了先入爲主的偏見，便能夠充分體會到，毫無例外地，每一位有情都希求他們理應得到的快樂，而且甚至連最微小的苦都不願意承受。在平等心的基礎上，我們能夠進而培養普世關懷的愛心、悲心，乃至最後圓滿地證悟菩提心：那是一分開放的心，完完全全致力於一切有情究竟的利益。

修行密續之鑰

發展菩提心是密續修行成功的先決條件，絕對有必要。所有的大師都曾經這麼說：我們必須具有很強烈的菩提心，才眞的有資格修行密續。眞正具格的密續行者，不是爲了自己想要迅速解脫，而是因爲對其他有情懷有不堪忍受的悲心，才發願依循最迅速的成佛之道。他們了解，如果自己花費越長的時間成就佛果，所有需要幫助的有情也就必須等待越久。因此，密續的閃電乘是爲了那些想要盡速地盡全力幫助其他有情的人而設的。

雖然菩提心的確是修行密續最重要的前提，不過，倒過來說更正確：修行密續的目的，是爲了開闊、強化自己的菩提心。

你可以受許許多多密續本尊的灌頂，如觀音、文殊、度母等；也可以禪修許多本尊。不過，這一切本尊究竟有什麼用？修這一切法門的目的何在？無非是爲了發展、擴大菩提心的奉獻精神；此外，眞的沒有其他理由要有這一切本尊。事實上，密續所有的禪修，唯一的目的都是爲了發展強烈的菩提心，毫無例外。

以修千手觀音爲例，何以要將自己的心識化現爲具有千臂的神聖光明身，完全是爲了便於向一千位受苦的有情伸出援手。此外，還有什麼理由需要這麼多隻手？如果這種現身方式令你不自在，你大可把禪修和自己的文化連結，把你內在的生命體化現爲耶穌、聖法蘭西斯、觀音或其他任何一位聖者。

必須了解的是，觀音和耶穌其實完全一樣，他們每一尊實質上都以完全無私奉獻的精神服務其他有情。因此，當我們設法透過密續的修法、課誦或其他任何方法效法這些本尊時，也只不過是爲了能夠像他們一樣，無私地服務其他有情。對其他有情無私奉獻的精神，是菩提心的眞義，這就是爲什麼說：菩提心不但是修密續主要的前提條件，也是密續法門最重要的成果。

複習

1. 本章如何解析「光是發展出離心，還是不圓滿」？
2. 何謂菩提心？爲什麼需要發菩提心？
3. 爲什麼達賴喇嘛尊者說：「如果你要自私，至少要明智地自私」？
4. 本章如何解析「菩提心這種殊勝的慈悲觀，是源於清楚、透澈地看出我們自己實質的眞相和其他一切有情的眞相」？
5. 本章如何解析「菩提心並不是一種感情用事、極情緒化的心態」？

6. 本章如何破解此錯誤的觀念：「在終究成佛之前，沒有辦法有任何的作為，完全幫不了其他有情」？

7. 本章如何解析「平等心是培養菩提心的基礎」？

8. 回想一下本章介紹的發展平等心的技巧，您曾否親自驗證「禪修平等心是令心理健康的妙方」？

9. 本章如何釐清關於發展平等心常見的誤解？

10. 本章如何解析「我們必須具有很強烈的菩提心，才真的有資格修行密續」？

11. 本章如何解析「菩提心不但是密續主要的前提，也是最重要的成果」？

12. 本章對您最大的啓示是什麼？

度母

7

空正見——超凡的智慧

這章在說什麼

* 培養空性正見所面對的挑戰是，既要徹底破斥獨立、自性存在的一切妄見，又不否定緣起存在的正見。
* 正見恆時無所不在。問題只在於去除自己層層的投射，不讓它們蒙蔽眞理清淨的面目。
* 我們一直不斷在一切對境上投射假象，而且相信假象就是對境本身。
* 諸法的確存在。不過，它們顯得牢固、獨立地存在，這才是顚倒相，必須加以破斥。
* 一切法畢竟空，甚至連最小微塵的「自性存在」都不可得；這份空性是存在的一切現象終極、究竟的本質。

到目前為止我們已經了解，何以出離心和菩提心是清淨地修行密續的兩個前提，有助於創造空間，以發掘我們的本性。出離心令我們放下，不再習以為常地貪求欲樂，依賴外物來獲得滿足；菩提心矯正自我愛惜的心態——只看重自己的福利，而漠視其他有情的福祉。現在讓我們考量一下第三個基本的前提：培養正見。

正見與妄見

本文所談的正見是一種智慧：清楚地了知我們和其他一切諸法存在的眞相。這種智慧足以直接對治所有錯誤的觀念——不明瞭自己和世界的眞相。只要我們背負這些妄見，就會一直困在自己投射出來的世界，注定永遠困在自己給自己造出來的輪迴中，永遠得不到滿足。反之，一旦我們能夠把這些妄見連根拔除，就能夠體驗到前所未有的自由、空間和得來全不費功夫的安樂。

了悟實相正見並不神祕。用不著仰望虛空，祈求曾見眞理。並不是說妄見就在此地，而正見遠在天邊；也不應認為妄見駐紮在西方污染的城市，而正見必須到喜馬拉雅山脈純淨的空氣中才找得到。完全不是這麼一回事。正見恆時、遍處無所不在。眞理美麗的面目存在於一切現象，當下就在這裡。問題只在於去除自己層層的投射，不讓它們蒙蔽眞理清淨的面目。錯在我們，解決的辦法也在我們；解鈴還需繫鈴人。

錯謬的投射

每當我們刻板地認爲自己存在的方式一成不變時，就是在幻想。每當我們照鏡子，總有這種僵固的想法：「我今天看起來如何？我可不要人家看我是那個樣子！」其實我們一直都在變化，每一刻都不一樣，可是卻總覺得自己具有某種永恆不變的自性。

我們對於外在世界所抱持的觀點也同樣顚倒。我們的感官一向慣於二現地看待事物；也就是說，顯現在我們眼前的每一個感官對境，似乎都是從自己方面存在，牢固而且自成一體。我們認爲，僅僅由於我們能夠看、聽、嗅、嚐、觸到這些對境，它們就必定像我們所察覺的那樣，眞實地靠自己本身的力量牢固地存在那裡。其實，我們對於其存在方式所抱持的這種定見也是幻覺，外境存在的眞相完全不是這麼一回事。

要斷除這些根深柢固的妄見，進而發現諸法存在的實相，必須花一些時間，而且需要下功夫修練，用清明的心去省察才行。不過，我們當下就可以起步，剛開始只要對內心的顯現境稍加存疑就可以了。例如，一察覺到我們對自己執持牢固的看法——「我像這樣」「我應該像那樣」，就要提醒自己，這種看法只不過是幻想，是內心瞬間的投射。同時，我們也不應該被動地接受：外在的現象就如同其顯現在我們眼前的樣子般，牢固而自成一體地存在。最好對我們的感官和凡庸見所提供的訊息稍加保留；就好比聰明的買家買二手車時，不會馬上相信銷售員所說的每一句話。

夢和空性

用我們作夢的經驗來推想，有助於了解我們平常是如何受錯誤的投射誤導，應當如何避免受其影響。清晨醒來時，我們剛剛在夢中所見的人都在哪裡呢？他們從哪裡來？往哪裡去了？他們是眞實的嗎？當然不是！那些夢中人和夢境都是從睡夢心現起的，僅僅只是顯現在睡夢心的夢境中；對隔天清晨的醒覺心來說，那只不過是沒有實體的記憶。當我們睡著時，夢中的一切顯得很眞實，就好像眞的在那裡，確確實實地存在，和我們隔得很遠。不過，當我們一醒過來就明白，那一切都只是我們的夢心投射出來的東西。事實上，不管夢中人顯得多麼眞實，這些人連一微塵的自性存在都不可得。他們都僅僅是我們夢中的幻覺，完全不是客觀的存在。

同樣地，清醒時所經驗的一切，包括強烈的自我感，也不是眞實存在的。儘管這些現象總是顯得牢固地存在那裡，實際上它們根本不是從自己那方面存在。對我們來說，只有在凡庸的俗心起作用、被開啓時，這些相對的現象才對我們存在。關閉凡心，這些凡俗的現象就不會在內心現起。

重點在於，構成感官世界的人事物，並非如同他們目前顯現在我們眼前的樣子般，堅實、客觀的存在。這些顯現境不過是凡心的化現，僅僅是迷信心認知或安立的對境。不過，根本的問題不在於諸法顯得自性存在，而在於我們把顯現境當眞。

我們一向習於相信或執著僅僅是在俗諦層次存在的顯現境，彷彿它們最實在，而且是究竟地眞實；這是從無始以來一直跟著我們的老習慣，並不是新學來的哲學觀點，所以我們很不容易完全破除它。不過，我們還是可以著手拔除這種錯誤的習慣——只要我們能夠體悟：平常看待現實的方式是出於迷惑顛倒，我們直覺地相信諸法自性存在，這種觀念根本站不住腳，和諸法存在的眞相完全脫節。甚至僅僅了解這麼多，就足以開始超脫迷信的習慣，然後我們就會開始覺醒。

找不到「我」

不僅外在的諸法絲毫沒有我們投射上去的牢固、客觀的實體，內在的自我感也一樣。我們直覺地感到自己很眞實、固定、具體地存在，毫不懷疑這個眞實的我。要把這當作只是另一個幻覺，簡直是無稽之談。不過，當我們費心去尋覓這個號稱牢固的「我」，會發現到處都找不到。頭、手、腳或身體其他任何部位都不是「我」，心也一樣：無數的念頭或感覺一直不斷地生起、消失，其中無一是眞正的「我」。當然，在這個身心和合體的外面，也找不到這個感覺很扎實的自我。

頑強的我執

儘管事實上在身心的裡裡外外，到處都找不到一個獨立、自性存在的我，可是在內心最深處，我們還是緊緊地抓住這彷彿是最眞實的我。執妄爲眞的這種俱生的信念，是所有困境的根源，可以稱之爲「我執」。這種錯誤的信念與生俱來，不用學就會。事實上，當初就是我執本身驅使我們投胎的。

我執到底怎樣執取妄見？只要時時刻刻審視我們的思想，便可見一斑：「我的心如何詮釋現實？我的心相信誰是我？」只要我們的審察夠敏銳，就會發現我們一直對自己抱持某種先入爲主、僵固的看法——「我就是這個樣子」，而這種看法和現實的眞相根本完全脫節。

凡庸的自我觀認爲，「我必定存在於某處，我是眞實的。」我們連一刹那都不考慮「我是什麼或是誰」，其實那不外是就不斷變化的身心和合體安立假名的產物。我執處心積慮地建立並維護牢固、安全的自體感，絕不會接受這個「自己」只是一個言詮、僅僅的名言或稱呼罷了，反而錯誤地斷言：「我固有地從自己方面存在；並非僅僅被迷信召來。」其實這種主張完全錯誤，而這種妄見正是我們所有困境的根源。

我們太熟悉諸法顯然牢固的表象（包括我們自己在內），所以很不容易馬上扭轉過來，採取比較寬鬆的看法。「自我」（在此指的是神經質的心，緊抓著牢固的自我認同爲自己撐腰）極具威力，會對抗任何威脅其安全的觀點。把「我」看成就和其他一切諸法一樣，僅僅是由分別心安立出來的，這種說法令「自我」深受困擾。因此，當我們禪修「自我」無自性存在時，應當預期會遭到許多抗拒，但那只是根深柢固的自我在和無我搏鬥，不足爲奇。

識破妄見

只要我執一直對現實投射牢固、囿限的觀點，我們的內心就沒有餘地去體驗大家心嚮往之的全覺廣闊的境界。因此，要超越錯誤的觀念和投射，首先必須消除我們對自己所抱持的一切妄見。我們有必要盡量弄清楚：目前我們到底是怎麼把自己概念化的？如何執取虛妄的自我感？除非弄清楚我們慣常的妄見是怎麼回事，否則不可能生起正見。

歷來的禪修家都強調，務必盡可能精確地辨識內心錯誤的觀念；否則，把強力的觀修技巧應用在克服自己模糊不清或僅是理論上的錯誤觀念，對我們毫無助益。我們必須深入地洞察自己內心特有的妄見，進而找出我們的困境根源，唯有在那之後才可能對治困境根本的肇因，否則，那就好比敵人從東方逼進，我們卻把武器指向西方。

值得強調的是：我們之所以一直經歷各種輪迴之苦，不斷地陷入一個又一個不滿足的情境中，主因之一是未能認清困境的由來。即使我們消除了常見的錯誤——誤以為困境是外在造成的，卻往往還是無法明辨內在的敵人。我們可能錯誤地論斷不滿足、挫折感來自知見上的錯誤，必須採取更崇高、更受尊重的哲學觀點來矯正。其實，這種膚淺的做法絕不可能根除我們的困境。

我們基本的困境並不是知見造成的。一開始，我們可能贊同某一套方法，分析我們是誰、是什麼，不久之後又改變心意，採納相反的觀點。這種改變在知識上雖然令人滿意，卻解決不了我執基本、機能上的問題。我們或許會為自己的知見提升到新的層次而感到驕傲，但其實那不過是以一套迷信替代另一套，不但沒有削弱我執，反而僅僅是提供別的東西讓我執去執取。

必須了解的是，我們不可能立刻消除我執慣常的定見。要完全泯除牢固的顯現境，需要花時間。不過，只要我們能夠放下，不再緊抓著自以為是的現實眞相，當下就可以對治粗分的妄見。這樣一來，即使諸法牢固的顯現境仍然存在，至少我們不會輕易地上當。

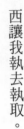

魔術師和觀衆

傳統的佛典以魔術師和觀眾做類比，來說明這一點。善巧的魔術師在木塊或石頭上持誦催眠的符咒就能使詐，例如，讓人們見到馬。受到這些符咒影響的人，不但看到幻化的動物，而且信以爲眞；魔術師的力量令他們著迷而上當。由於符咒的力量，魔術師也看見馬，不過，他當然不會信以爲眞。幻馬是他變現出來的，所以他自己明白那是虛幻的。雖然觀眾可能被他的表演所眩惑，但魔術師本人則不爲所動、不受影響。

我們往往就像那些觀眾，相信自己二現的概念所變現出來的一切境相。只要有什麼看起來很吸引人的東西，我們馬上會被這種膚淺的表相牽引而去追逐。一旦外境變得不那麼吸引人，我們又立刻想逃避，從來不曾停下來考量：這些千變萬化的境相，是自己內心的映現，與客境本身幾乎毫不相干。結果是，我們一直不斷地被引入輪迴中一個又一個不順遂的境界，爲了鞏固一個虛幻的自我，追逐或逃避虛幻的客境，到頭來卻徒勞無功。就這樣，我們的生命變成一齣充滿情緒衝突、挫折和失望的鬧劇。

其實，我們大可放下這些無知的信念。就像魔術師一樣，即使有這個或那個牢固的顯現境出現在眼前，我們也沒有必要受其左右。總有一天，當內心所有的顚倒見完全被滌除之後，甚至連這些二現的顯現境也會消失。不過，我們不必等到那個時候才解脫衝突的情緒。一旦我們開始放鬆僵固的概念，當下就會嚐到解脫的自由。

緣起故存在

有關無自性存在，以及諸法如幻的這一番談話，或許會讓大家下結論：我們自己、其他有情、這個世界和佛果，都完全不存在。這是過分極端的斷滅論。諸法的確存在。不過，它們顯得牢固、獨立地存在，這才是顚倒相，必須加以破斥。

以彩虹爲例，彩虹存在嗎？當然存在。如何存在呢？彩虹是從空中的水滴、陽光和我們觀察的角度交互作用而生起的，因此，彩虹是相互依存的現象，如果我們加以審查，就會發現它的各種因緣條件。當我們凝視彩虹時，可能被它的美感動而想伸手去碰觸。可是我們一向前，彩虹似乎就退卻了。不管我們跑得多快、多遠，都不可能抓到任何可以握得住的實體。彩虹本來就是摸不著的，我們必須安於現實，了知這個美景是我們不可能掌握或占有的顯現境。

一切法畢竟空

同樣地，所有存在的現象都僅僅是顯現在內心的境相，由種種因緣相互作用而生起，並沒有牢固的自性存在。它們生起、安住、消逝，一直不斷地變化。我們自己也是如此。不管俱生的我執怎麼認定，我們身心的組成元素一直不斷地在變化，從裡裡外外，到處都找不到牢固、固有的「自己」。毫無例外地，我們和其他一切現象都無自性，甚至連最小微塵的「自性存在」都不可得。一切法畢竟空；這份空性是存在的一切現象終極、究竟的本質。

培養中道

釋迦牟尼佛在《般若波羅蜜多經》中，開示空性方面最高深的教法。這部經典象徵性地放在文殊（圓覺智慧的化身）的左手上。印度論師龍樹釐清並傳佈這些教法，他不但是高明的哲學家，也是密續的大師、大成就者。

龍樹的整套哲理被稱爲中道或中觀，因爲它不落入兩極的邊見——自性存在和完全不存在、常見和斷見、增益和減損。依照龍樹的觀點，我們所執的一切庸常見——分別這個和那個，都是錯誤的。爲什麼？因爲我們總是慣於在自己所經驗的對境上，無中生有地添加牢固、獨立、自性存在的特質。換句話說，我們看待現實（包括內在的自我感，以及外在色、聲等其他現象的顯現境）所抱持的凡庸、無知的觀點，都是迷信、二現的。

正如前面討論過的，我們一直不斷在我們所接觸的一切對境上投射假象，而且相信假象就是對境本身。一旦我們稍微覺察到自己對現實所執持的二現見是多麼刻板、錯誤，或許又會矯枉過正，全盤否定一切現象的存在。這種斷滅的邊見，不但完全錯誤，而且非常危險。必須了解的是，諸法的確存在，但不是像我們慣常認定的那種方式實有地存在。培養空性正見所面臨的挑戰是，既要徹底破斥獨立、自性存在的一切妄見，又不否定緣起存在的正見。

當我們設法運用邏輯推理向自己證明某一法自性空，亦即沒有固有、扎實的自性存在，有時候也許會覺得逼得太緊了。「因爲這個理由，或那個理由，所以這是自性空的。」有時候我們會覺得不自在。這必定會發生；使勁地套用邏輯，對我們的理解往往有害無益。那時最好放下邏輯的審察，單單觀察我們正在檢查的東西到底如何發生作用、如何運作、從哪裡來等等。

例如，當我們檢查某種東西是否如其所顯般自性存在，不妨回想：「這件東西是由人們在工廠組合後，運送到市場販賣，然後我買了下來，現在我正在使用。」經過這一番檢視之後，那件東西無自性存在的本質會變得比較清晰。我們會把它看成是眾因緣和合而生成、依賴很多條件而存在、發揮不同的功能；這樣的了解會軟化我們一般的印象，不再把那件東西當作是堅實、自成一體的客境，獨立、牢固地存在那裡。採用這種方法去理解相互依存、無自性存在或空性，舒坦而直接。一旦我們熟悉之後，會很容易明白何以過去許多大師都宣稱，相互依存或緣起，是邏輯推理之王，是了解諸法實相最好的方法。

依照龍樹的觀點，一切法均非眞實、獨立地自性存在，毫無例外。心不例外；佛也不例外。我們不能說某些沒有價值的東西，如垃圾桶，空無自性、不是自性存在；而非常受尊崇的對境，如釋迦牟尼佛，則是絕對、眞實地自性存在。不是這麼回事。從他們都空無自性、非二現的觀點來看，佛陀和垃圾桶的究竟實相完全一樣。

總而言之，要避免馬上接受所有二現的顯現境——此和彼、好和壞等，把它們當作是究竟的眞相，同時也要避免全然否定它們。我們應當看開一點、稍加保留、存疑。同時也要覺知，目前在我們看來，客境還是很牢固地顯現這個、那個的分別對立，很有可能把我們導入衝突和困惑。只要我們清楚地察覺到這一點，就不至於輕易地上當。如果我們進而訓練自己冥思本來明淨的心性，一切顯現境都從中生起，便能夠進入無二現的經驗，最後所有的衝突和迷惑都會在那當中徹底地平息下來。

複習

1. 爲什麼需要培養空正見？如何明辨正見和妄見？
2. 本章如何解析「構成感官世界的人事物，並非如同他們目前顯現在我們眼前的樣子般，堅實、客觀地存在。這些顯現境不過是凡心的化現，僅僅是迷信心認知或安立的對境」？
3. 何謂我執？爲什麼需要破除我執？
4. 本章如何藉由作夢的經驗，解析我們平常如何受錯誤的投射誤導，應當如何避免受其影響？
5. 本章如何藉由魔術師和觀眾的例子，說明我們往往就像那些觀眾，相信自己二現的概念所變現出來的一切境相，追逐或逃避虛幻的客境，使得我們的生命變成一齣充滿情緒衝突、挫折和失望的鬧劇？
6. 本章如何藉由魔術師和觀眾的例子，說明我們應當像魔術師一樣，即使諸法牢固的顯現境仍然存在，至少我們不要輕易地上當？

7. 本章如何藉由魔術師和觀眾的例子，說明我們應當像魔術師一樣，即使諸法牢固的顯現境仍然存在，至少我們不要輕易地上當？

8. 本章如何解析「培養空性正見所面對的挑戰是，既要徹底破斥獨立、自性存在的一切妄見，又不否定緣起存在的正見」？

9. 本章如何解析「相互依存或緣起是邏輯推理之王，是了解諸法實相最好的方法」？

10. 本章對您最大的啓示是什麼？

8

不見即是徹見

這章在說什麼

* 一旦我們不再被「觀看」盤據，把凡庸的表相當作究竟的實相，便能夠進入「徹見」無二現的經驗。
* 訓練自己觀照念頭，而不要跟著走。
* 剝奪了念頭的驅迫力，就像從火上移開沸騰的水壺，最後將是一片寧靜、清明。
* 在煩惱起作用的粗分層次底下，有我們的本性更微細、更基本的東西。
* 這正是人類心識的核心，具有潛能可達到徹底醒覺、永遠喜樂的佛果。
* 我們本心的清明——深徹、安寧，體性是愛，在這麼安詳的氣氛中，憎恨和憤怒無從造成干擾。
* 不管是禪修、課誦或其他任何活動，整個重點在於，發現人性的本源、進入深層的本性，觸及內心本源的全覺、無二現。

我們討論過，出離心、菩提心和空性正見是密續的三個前行法。但這不是說，在修行密續之前，必須徹底、圓滿地證悟這三者。只要適度地了解就可以開始起修了。以證悟空性爲例。要徹底了悟一切現象的究竟本質是高深的成就，如果要等到那個時候才能夠修密續，我們什麼時候才可能開始起修呢？也許永遠都沒辦法！幸好這不是問題。爲了修持密續各種不同的轉化法門，只要能夠多少放鬆凡庸的自我認同感就夠了。我們不必徹底了悟自己並非自性存在，不過，我們的確有必要從凡庸、強迫性的角色扮演中抽身，騰出一些空間給自己。

不見即是徹見

西藏法師經常說：「不見即是徹見」，這句話聽起來或許很古怪，卻有深奧的意涵，道出高明的禪修家所體驗的實相——廣闊無邊、普及萬有，那是超越二現的經驗。

在我們凡庸的經驗中，無數二現的感受和觀念排山倒海而來，讓我們窮於應付。我們每天不是被悅意的對境吸引，就是排斥不悅意的對境；我們老是畫地自限、作繭自縛，所以一直不斷地迎此拒彼，追逐這個，逃避那個。既然我們已經明白，因循這種根深柢固的習慣，用二現的觀點看待諸法，而且採信二現的分別，只會導致困惑和周而復始的不滿足，我們大可培養完全不同的觀點去看待諸法的眞相。我們早就受夠了不由自主的輪迴中沒完沒了的塵勞，理應修煉洞澈的覺察力，直觀諸法存在的眞相。

這種修煉分成不同的階段進行，有些非常著重觀念性的分析，有些則偏重親身的體驗。最後，我們會越來越深刻地全神貫注在廣闊無邊的體驗中，到時候，那些通常擠滿了視野的庸俗、牢固的顯現境，終究會開始消融。就好比夏雲融入一望無際湛藍的晴空，二現的視境終究會消逝，只留下無二現明淨的空界。在這個空界中，沒有此和彼這一切牢固的分別，我們的內心會感到安詳而無拘無束。我們不再被「觀看」盤據，把凡庸的表相當作究竟的實相，轉而進入「徹見」無二現的經驗。

那時，我們的內心絕非處於入睡般一片空白的狀態，而是清醒、警覺，什麼都不排斥或維護，接納一切。我們不但不覺得被套牢，被迫一再地進行相同、無聊的自我遊戲，反而開始嚐到眞正的解脫，內心了無牽掛。這種解脫是可能的，因爲膚淺、隨俗、幻想、二現的心，不是人類的本性。我們的本性清澈如水晶，沒有餘地做自憐的想像，它會連同我們所有作繭自縛的囿限自動地消融。

如果我們能夠進入並維持內心自然清明的狀態，就會有時間和空間，有條不紊地觀看諸法。我們甚至能夠更善巧地處理日常生活的事務。許多人會懷疑這一點。「如果讓心回到自然、不複雜的狀態，我怎麼可能在這個複雜的世界運作？怎麼可能從一個地方到另一個地方？怎麼可能保住工作？怎麼可能煮一頓飯？怎麼可能做任何事情？」其實，這一大堆自說自話都毫無道理。事實是，當你的內心清明，你不必全神貫注，自然就會把手邊的工作做好。但是當你的心不是安住在自然的狀態時，問題就來了，那時，不管你做什麼事都心不在焉。你原本應當是在打掃房子，但是內心卻一面在盤算去海邊吃冰淇淋，那就是你陷入困境的時候。

消歸自性

在禪修中冥思心識之流，自然而然會把我們導入無二現廣闊無邊的體驗。當我們仔細觀察自己的念頭，會發現念頭自己生起、安住，乃至消失。我們沒有必要刻意去驅逐念頭；正如每個念頭都從內心清明的本性生起，最後也會自然消歸清明的本性。一旦念頭終於這樣地消融時，我們應當盡量一心不亂地專注在最後導致的清明上。

我們應訓練自己，不要太在意心中一直不斷生起的念頭。我們的心識猶如一片汪洋大海，有大量的空間任由念頭、情緒優游其中，沒有必要讓自己被其中任何的念頭或情緒打岔。就算有某一隻「魚」特別漂亮或可憎也不礙事；千萬不要分心，應當一直保持專注在內心本然的明性。即使出現一種我們多年來等著一睹爲快的壯麗景象，也不應介入其中。我們當然應當覺知發生了什麼事；重點在於內心不要變得麻木不仁，什麼事都不去注意。但是在念頭生起時，要保持正知，千萬不要沉迷在其中任何一個念頭，應轉而繫念底層的明性所有這一切念頭都是從中生起的。

爲什麼以這種方式冥思心識的明性非常重要呢？因爲我們已經一再地看清這個事實：心是一切苦樂的來源，也是輪迴苦和涅槃樂的根本。同時，我們內心也有慣常的顚倒見（無知、沒有安全感的我執），執取牢固自性存在的幻覺。破解幻覺的符咒之道是，看清諸法虛幻的本質，並且認知一切諸法不外是稍縱即逝的顯現境，都是從內心的淨空升起來的。因此，我們越冥思心識的明性，就越不至於把任何的境相執爲牢固而眞實的，這樣一來，我們也就比較不會受苦。

以這種方式觀照念頭的來去，我們會越來越趨近空性的正見。貌似牢固的顯現境會生起、停留一下，然後消歸到內心的明性。當每一個念頭都這麼消失時，我們應當訓練自己去感受：這種消失甚至比念頭原來牢固的表象更眞實。越是下功夫修煉這種「不見」，就會越熟悉自己內心那一片清明、廣闊無邊的天地。這樣一來，甚至在極具破壞性的念頭和情緒，譬如瞋心、嫉妒等升起之際，我們依然和心識底層的明性保持聯繫。這份清淨永遠與我們同在，不管有什麼煩惱，都只是表層的無明障，終究會消逝，留下來的是自心本然的明性。

清明無二現

當你以強烈的覺知冥思自己的心識，把所有好、壞的念頭都擱在一邊，那時自然會被導入無二現的經驗。這怎麼可能呢？不妨這麼想：心識好比湛藍的晴空，我執無明製造出來人爲、不自然的觀念，則好比煙霧和污染灌入天空。雖然我們說污染物把大氣染污了，其實天空本身從未被染污，天空和污染物各行其是。換句話說，不管有多少毒氣進入，基本上天空並不受影響。一旦因緣條件有所改變，天空立即會恢復湛藍，由此可以證明這一點。同樣地，不管人爲造作的自我觀念製造了多少問題，都無法影響心識本身清明的本性。從相對的觀點來看，我們的心識依然保持清淨，因爲它的明性絕不可能和迷性混雜。

從究竟的觀點來看也一樣，我們的心識始終保持明澈、清淨。心識無二現的特性，從未受到心識中生起的二現觀念傷害。就這方面來說，心識始終清淨，過去、現在、未來都是如此。

你或許會問：「煩惱心，例如嫉妒、憤怒的本性也是清澈的嗎？」是的，所有的心都同樣具有清澈、無實體的本性。不管是善心或惡心、眞心或妄心，所有的心都清楚地映現各自相應的對境。比如鏡子必須是清澈而沒有被蒙蔽的，如此才能夠把它面前臉孔的影像（不管是美或醜的臉孔）映現出來。同樣地，心也必須是清澈的。假如有任何心識狀態是不清明的，將無法映現任何東西。

善心好比是靜止的水，煩惱心猶如滾動、沸騰的水。如果我們加以檢查就會發現，儘管沸水滾動不已，每一滴水各自都還是清澈的。心也一樣：不管我們的心是冷靜的或是翻騰著錯綜複雜的二現見，心的本性始終是清明、自覺的。

總之，我們大家都有能力掙脫迷惑、染污的自我衝突，回復自性清淨心本然的清明狀態。千萬不要認爲心不知怎地被染污到無可救藥的地步了，這是不可能的。只要我們能夠訓練自己認知並進入心識原本自然的狀態，終究會體驗到無二現覺知的自由。

境由心造

「境由心造」是佛教的要義。從佛教的觀點來說，人生所有的境遇都是自己的心識化現出來的。痛苦和困惑的情境，來自痛苦、困惑的心；反之，不管是體驗何種快樂——從凡庸的欲樂到最高的佛果，根源都在於自己的心。

只要檢視一下，就很容易看出我們的一生完全受自心的主宰，尤其是貪欲。爲了追求滿足，我們一直想去這裡或那裡，擁有這個或那個，然後隨順這些欲望採取行動。

不安分的心一直不斷地萌生新的念頭、想法，而且我們往往跟著它們走。結果是我們被引誘到一個又一個的情境，以期獲得安樂，到最後所體驗的卻只是筋疲力盡和失望。壓抑念頭和欲望並非解決之道，就好比緊緊按住蓋子不讓水沸騰，那是行不通的。唯一可行的方法是訓練自己觀照念頭，不要跟著走。剝奪了念頭的驅迫力，就像從火上移開沸水的水壺，最後將是一片安詳和清明。

我們人類頗以自己的思惟能力爲傲。其實，我們的思惟大都只是把事情弄得複雜不堪。連一小塊巧克力的包裝上面都擠滿了資訊和廣告，由此可見一斑。我們也許以爲有能力就單一物件產生大量的想法、主意，是聰明才智的表徵，其實以這種聰明才智所做出來的事情，大都既不自然又毫無必要。

我們的理智心（受社會價值制約的粗分心）理所當然地認爲，自己所做的每一件事都有其重要性。但是我們可不要上當，誤以爲這一切複雜的思惟是眞理。爲了過日常生活，我們固然必須順應很多事情，卻不必相信它們。當我們被複雜化了，甚至不應當相信自己。

難道這是指我們所做、所想的一切都是錯的？不是的，現在所發生的一切，多少有若干的眞實性。例如，雖然天空原本明澈而清淨，漂浮在空中的污染還是有若干的眞實性。我的意思是說，不要以爲自己對於這個和那個的想法「絕對」眞確。空氣污染可能具有若干的眞實性，卻不是牢固地自性存在或究竟地眞實。同樣地，我們的想法也許具有若干的眞實性，不過，完全採信它們就不對了。

因此，我們必須學會的是：一面保持清明的覺知，一面斷除待人接物時慣性的反應。事情發生時，例如有人給我們的朋友一塊巧克力，通常我們立即的反應往往是二現的：「爲什麼給他巧克力？爲什麼她不給我？他眞幸運，我眞倒楣！」我們的心一直不斷地攪出所有一切諸如此類二現的垃圾，而我們的人生則正好反映這種困惑。結果是，我們和人事物的關係脆弱而不穩定。起先我們對某位新朋友很感興趣，隔天就把他拋棄了；有一天我們想要擁有某件漂亮的新東西，隔天卻對它不屑一顧。這種喜怒無常正表示，我們通常對現實所抱持的僵固觀念其實都是顚倒見，無非是我們困惑、迷信心的投射。

在禪修之中或之外的某些時候，二現的迷惑會平息下來，使我們體驗到清淨的覺知，既安詳又清明。那些時候內心體驗到的安詳，無法用言語表達，遠勝過感官通常所渴求的短暫歡樂。不過，僅僅經驗到這種內在的安詳一、二次，還不足以導致任何持久的證量。我們必須持續不斷地修煉，才能夠一再地斷除紛亂的二現觀念，心無旁騖地安住在本心底層的清明。只要我們憑藉一套有效、充分驗證過的方法，例如密續的法門，我們對於自心本然清明的覺知，終究會達到牢不可破的地步，到那時，我們再也不必受二現的迷信主宰。

愛與安詳

我們本心的清明——深徹、安寧，體性是愛，在這麼安詳的氣氛中，憎恨和憤怒無從造成干擾。當我們專注地浸淫在內心這深徹的覺知中，有害的念頭便沒有機會擾亂我們。我們用不著刻意地決心克制瞋心並行善，從我們的生命深處，不費吹灰之力會自然而然地生起這種慈愛、利他的感覺。

這種廣闊無邊的感覺越增長，我們越趨近非實有、無自性的正見，那時會油然生起自己與萬物合一的感覺。我們不再感到「我」受周遭人事物的箝制、壓迫（「我和他們是對立的」），反而覺得有足夠的空間容納世間的一切；每一個都有自己的空間。在無二現的淨空中，萬有不斷自由地流動——來去、成壞、生滅。無自性的實相遼闊無際，宇宙萬有完美地在其中發揮作用，各不相妨，沒有衝突、混亂、分界。大家都不覺得和環境、其他有情、甚或自己疏離，反而一起分享萬有和諧共存的經驗。

一旦我們了悟人類的本性明澈、清淨，便得以破除一切偏狹、囿限和自囚的觀念。在完全自在的內心淨空中，「你的」和「我的」根本實相毫無分別。沒有誰比別人好，也沒有誰比別人差。究竟來說，沒有好或壞、淨或不淨。不管是禪修、課誦或其他任何活動，整個重點在於，發現人性的本源、進入深層的本性，觸及自己內心全覺、無二現的本源。在我們達到這種體驗的當下，沒有餘地容納沉重的觀念、情緒或激情。只有如如！在那當下，沒有二現心所安立的觀念——沒有佛，沒有上帝，沒有天堂或地獄；只有自在、大安詳、大滿足。

色彩反映心境

密續中有很多強力的法門，能夠喚醒最微細層次的心，進而把喜樂、微細的淨光心導向無二現遼闊、通透的視野。甚至在我們還沒有變成非常善巧、老練的密續行者之前，便可以接觸到自己內心自然清明的境界，品嚐無二現經驗無拘無束的自由。當你感到困頓時，不妨採用這個簡易的技巧——光是去仰望藍天，你不必專注在任何對象上，只要本著強烈的正知凝望天空，放下一切和自己有關的想法。你在那裡，虛空一望無際的藍也在那裡，此外空無一物。一旦虛空一片明淨的體驗充滿我們的心，我們自然而然會開始去觀照內心的明淨。

身爲人，只要我們以這種方式觀想遼闊無際的藍光，在那當下，牢固的妄念分別自然會開始瓦解。這是密續藝術經常採用藍色來象徵無二現的原因之一。在無二現的境界中，凡庸的二現觀念不會再出現或被執爲實有。很多人在凝望遼闊無際的藍天或碧海時，會感受到這種解除妄念分別的自由。我不是在談複雜的哲學理念，也不是要你光憑信心去接受它，只因爲有一位喇嘛告訴你那是對的；我僅僅是引述很多人的親身體驗，說不定你早就有過那種體驗了。

依照密續的觀點，每當我們開放自己的心和感官去面對外在的世界，我們的覺受總是關聯到一個特別的顏色。而且我們所察覺的每一個顏色，如藍、紅、綠等等的顏色，都直接關聯到我們內在的境界。所以，顏色和亮光在包括觀想本尊等等的密續法門中，扮演相當重要的角色。

爲了讓大家明白我的意思，讓我們再考量一下藍色。我說過，璀燦的藍光獨有的內在特質是超脫幻想的投射。當這種投射非常強烈，例如，當我們沮喪得無法自拔時，即使是十分晴朗的日子，我們也看不見天空的藍，只會見到一片灰暗。這是千眞萬確的事實。此外，生氣時見到紅色，嫉妒時見到綠色等等，這些經驗在在顯示色彩和心境有密切的關係。

言歸正傳。我們可以藉由凝望晨曦或寧靜的湖水，暫時超脫妄念分別。我們僅只是觀看，沒有這個和那個的對立分別，到了某一個時點，內心除了體驗到自己本身的清明之外，別無一物。運用這種機會去體驗外在的清明，然後統合到內在的心識。這個方法直接、有效，能夠斷除充塞我們內心的迷惑，讓我們重獲安寧。

除了獲得安寧，每當我們觀照心識的清明，也會自然而然體驗到大樂。通常我們的二現心充滿了迷惑的對話，不斷地對這個和那個進行分別、判斷，把自己搞得筋疲力盡。因此當這些矛盾的思想和情緒平息下來、甚至消失無蹤時，眞的是大受歡迎的解放。它所帶來的清明，讓我們體驗到安詳、喜悅、極樂。來自這種經驗的喜樂帶給我們眞正的滿足，和凡俗的感官欲樂迥然不同。這種喜樂實際上令我們的禪定力道更強、更敏銳，不像凡庸的感官欲樂只會攪亂我們的心。

極樂地潛入實相

嘗試過禪修的人都知道，禪定最大的障礙之一是不斷令我們分心的胡思亂想。我們試圖專注在某個特定的對象，卻發現自己的心已經溜到別的地方去了。我們的注意力幾乎和小孩子一樣短淺，很難深入地洞察任何對境，所以我們覺得自己不可能獲得眞正的證量。到底這一切內心的漫遊是怎麼來的呢？這來自我們極度的不滿足感！我們一直不斷地向外馳求以滿足內在莫名的渴求，卻從未心滿意足過。就算眞的找到令我們歡喜的東西，其所帶來的滿足也很短暫，不久我們又會想要物色新的東西。不安分本來就是二現心的特色，尤其當我們坐下來設法專心禪修時，更是顯而易見。

冥思心識的清明所引生的大樂，能夠有力地對治這種不安分，帶來安詳而深刻的滿足，遠非凡庸的感官欲樂所能及。因爲這種大樂的經驗令你感到有成就感，所以內心一點都不會被誘惑而想要向外馳求，而且你的定力也會毫不費力地提升。

我們都曾經因爲非常投入某件事情，而對平常令我們分心或造成干擾的東西無動於衷。同樣地，只要我們持續而深入地冥思自心無形無相的清明，一旦功夫到家，就可能對於通過感官大門進來的色、聲、香、味等視若無睹。一旦這些感官經驗和粗分的妄念分別平息下來，迷信的大門也會隨之關閉，那時，我們會覺察到一股欣喜若狂的大樂能量從內在高漲。這股洶湧澎湃的大樂很自然地發生，根本用不著刻意造作。經驗越多這種來自內在深刻的大樂，就越能夠深刻地浸淫其中。這猶如爲我們開出一條路，讓我們得以體驗無縛解脫、廣闊無邊、無所不包的內心境界，而目前我們對此還一無所知。

圓熟覺悟的潛能

我們一直在描述的清明、純淨和大樂的內心境界，當下就存在於我們每一個人的內在。不過，儘管我們大家都具有這種清淨的本性，並不表示我們已經覺悟成佛了。除非我們消除了覆蔽我們內心的憎恨、貪婪、嫉妒，以及其他一切煩惱（這些都是妄我的徵候），在那之前，我們必然不可能證悟成佛。沒有一尊佛還有煩惱。不過，在這些煩惱起作用的粗分層次底下，有我們的本性更微細、更基本的東西。這正是人類心識的核心，具有潛能達到徹底醒覺、永遠喜樂的佛果。

接下來的問題是：如何接觸並實現我們本性中所具有的成佛潛能呢？其實，密續法門正是專門爲了盡速完成這種超凡的轉化而設計的。不過，前面提到過，我們不可能毫無準備地跳進這些法門。換句話說，我們必須藉助種種的前行來成熟自己的根器。我們已經討論過三主要道：出離心、菩提心和空性正見，這些是修行密續的共道前行。此外，很重要的是修習有時候被稱爲「不共的」前行，包括：接受適當的密續灌頂、持守灌頂的各種誓言、淨除修行成功的障礙、積聚龐大的善能量等，以及下一章將討論的主題：藉由甚深的上師相應法獲得啓發。

複習

1. 何以「不見即是徹見」？如何才能不再被「觀看」盤據，把凡庸的表相當作究竟的實相，轉而進入「徹見」無二現的經驗？
2. 本章如何解析「如果我們能夠進入並維持內心自然清明的狀態，就會有時間和空間，無惑地觀看諸法」？
3. 本章如何解析「冥思心識的明性非常重要」？
4. 本章如何解析「不管是善心或惡心，所有的心都同樣具有清澈、無實體的本性」？
5. 本章如何解析「我們必須學會的是：一面保持清明的覺知，一面斷除待人接物時慣性的反應」？
6. 本章如何解析「不管是禪修、課誦或其他任何活動，整個重點在於，發現人性的本源、觸及內心深層的本源」？
7. 本章如何解析「色彩和內心的境界有密切的關係」？

8. 本章如何解析「冥思心識的清明所引生的大樂，能夠有力地對治不安分的二現心，帶來安詳而深刻的滿足」？

9. 本章如何解析「如何接觸並實現我們本性中所具有的成佛潛能」？

10. 本章對您最大的啓示是什麼？

9
啓發來自上師

這章在說什麼

✻願我能夠視己心即上師：他圓滿了知一切有情的心念，他的言語滿無數有情的願，他的清淨身出自無限的功德聚。

✻密續道的根本在於透過上師相應法，使自己和這個啓發之源合一。

✻透過灌頂，使我們能夠和上師建立親密的溝通，繼而激發我們的潛能，在密續之道上行進，直到功德圓滿。

✻雖然上師──本尊不是我的父母、夫妻，卻像這些親眷般關懷我，就好像完全是爲了我的緣故而存在，好讓我發展無比健康的身心。

✻人一生中的每一刻，都必須修上師相應，認同自己和上師的體性──佛性是一體的。

✻一旦你具體地展現自己內在整個的潛能，那時你自己即成爲本尊，即是佛。這是修上師相應的終極目標。

啓發來自上師

進入密續閃電乘之前必須了解，我們不但有必要而且有可能拋開對自己抱持凡庸、狹隘的觀感，轉而認同自己即是圓滿的覺者。我們必須體悟，只因爲我們無知，不曉得自己具有清淨的本性，才會一直妄自菲薄，從而一直陷在永不滿足的輪迴中。我們可以透過生起前行的出離心、菩提心和智慧，發掘清明的本性，創造空間，以便實現眞正的自我轉化。

但是，僅僅知道何以這種自我轉化必要而且可行，這還不夠；我們還必須產生足夠的力量和信心，用以支持自己遵循密續這種激進的成佛之道。換句話說，我們必須獲得啓發。我們必須明瞭成就正覺的菩提（圓覺、佛果、全覺，不管怎麼稱呼），不僅理論上可能，也是像我們一樣的人類曾經實際做到的。就佛教密續的傳統來說，啓發來自上師（藏語稱爲「喇嘛」）：我們的教師和精神導師。密續道的根本在於透過上師相應法，使自己和這個啓發之源合一。

目前我們暫時還無法有效地處理自我本位的心所製造出來的問題。爲了幫助我們解決這個問題，釋迦牟尼佛教導我們突破自我的牢獄，轉而認同自己和過去、現在、未來三世諸佛是一體的。在這樣的圓覺者所成就的境界中，沒有高下的分別，唯有平等一味的證悟經驗。修習上師相應法讓我們做好準備，以便進入和圓滿的覺者（佛）一體的經驗。我們把自己和上師看成一體，藉此排除自憐的想法：「佛那麼崇高，相較之下我實在微不足道。」轉而學習認同自己最深層的心即是上師心，而上師被視爲和每一位徹底醒覺的佛無二無別。

修習上師相應法使我們有限的智慧得以增長到圓滿。上師大慈、大悲、大智、大善巧的能量在我們內心種下種子，使我們得以開始體現這些利益無窮的品德。我們自己變成上師，才可能源源不絕地帶給一切有情無量的利益。如果我們自己的內在尚未生起眞正的上師所具有的品德，怎能帶給別人究竟的利益？我們甚至幫不了自己——泥菩薩過江，自身難保！

內在和外在的上師

密續的法典中經常提到，一切證量來自上師。這固然不錯，不過，我們必須了解，

「上師」有兩個不同層次的意義。相對、客觀的上師，以各種不同的方式和我們溝通，教我們如何進退，以發現自己全覺的佛性。然而，在更深奧、更主觀的層次上，上師無非是我們內在的智慧、內心本然的清明。

不妨看看對於同一位老師所教的相同教法，大家的反應各有不同。某人可能甚至無法在知識上了解教法內含的概念；另一個人或許能夠了解這一層，卻不能夠通達內在的義理；而有些人則能夠達到超越語言文字、觀念的層次，契入和上師的智慧和慈悲水乳交融的境界。這些不同的反應，完全是由於各人智能和精神開展的程度不同所致。我們和內在上師的接觸越頻繁，對於教法的了解便會越深入。

說實在的，相對、外在的上師所能爲我們做的就這麼多，他們並無法保證我們能獲得慧觀和證量。而內在的上師——我們自己清明的智慧，卻可以成辦一切。因此，修上師相應法主要是學習諦聽內在的上師。

雖然我們的內在確實具有智慧之聲，我們卻往往不去聆聽，甚至充耳不聞！我們太忙於聆聽粗分二現心無聊的對話，我們對此太習以爲常了，因此縱使內心眞的生起智慧（直覺的洞見），我們也往往排斥它。修習上師相應法讓我們能夠逐漸進步，摒棄我們膚淺地聯繫世界的方式，轉而接觸我們本心俱生的智慧。這麼一來，我們同時也能夠和外在的上師深入地溝通。不過，只要和內在上師失去聯繫，不管外在上師的教誨多麼奧妙，我們都無法吸收、消化。

不過，請大家不要誤解，以為這是指外在、相對的上師不重要。這就不對了。外在上師具有不可或缺的重要性。雖然釋迦牟尼佛的密續教法確實已經存在二千五百年之久，但在我們還沒有遇到具格的密續上師之前，這些教法對我們來說，存在嗎？眞實嗎？儘管那洛巴、馬爾巴、宗喀巴等大師都曾經廣泛地加以闡釋，在經人引介之前，我們能夠說密續是存在的現實嗎？當然不行！經乘的教法也一樣。雖然事實上佛陀老早就教過四聖諦，對我們來說，這些教法並沒有因而就眞實存在。唯有在我們了解四聖諦之後，這個教法才成為我們現實的一部分。而這有賴於值遇一位上師，以我們所能夠了解的方式，清楚地向我們開示這些教法的眞諦。如果沒有外在上師活生生的榜樣和啓發，我們內在的智慧勢必依舊淺薄而無法舒展。

修行的模範

為了把覺者的教法傳授給我們，使他們的慧觀在我們心中留下印象，必須靠相續不斷的師承，把這些鮮活的慧觀傳到今天。身為傳承之一份子的上師，透過啓發或加持，使得四聖諦對你來說，成為活生生的教法。這樣的上師熟知你的性格、性向，能夠令你清楚地明瞭四聖諦，使你的心本身成為證悟之道。這就是啓發或加持的意義，如此而已。上師相應或依止上師，不外是開放自己接受這樣的啓發。

我們進而還需要有經驗的導師，教導我們如何正確地依教奉行。我們不可能無師自通，靠自己從書本中學習。資訊也許都在，不過幾乎所有的密續經典都是隱喻的，只有配合過來人的解說去學習才能見眞章。懂得如何運用這些資訊來實修絕非易事。我們需要有人教導、實際示範，這個人就是上師。

就修行密續來說，這種有經驗的導師關係重大，因為密續是高度內在技術性的發展系統。在我們自己眞正有所體會之前，必須接受教導，學習把一切教法統合起來。如果我們得不到適當的指導，一定會感到非常困惑。就好比一個人只拿到一堆零件和一份說明書，而不是一輛勞斯萊斯，除非他早就是很老練的技師，否則一定會完全不知所措。

當今東西方的宗教何以會腐化到這種地步，主要是因爲難得遇到好的修行模範。如果一個人從未遇見高證量的行者，他不可能了解自己的心識中蘊含無限的潛能。光靠記載大師行誼和成就的法典還不夠，那其中的故事不一定能夠激勵我們，事實上我們反而可能徒增疏離感，認爲：「佛陀和耶穌活在那麼久遠的年代，他們的清淨是屬於另一個時代。像我這種人，活在腐化的二十一世紀，不可能達到那麼清淨的境界。」或者，我們也可能會全盤否定過去大師的事行，斥之爲騙小孩的天方夜譚。唯有親自面對已經展現最高潛能的人，這一切猜疑、譏誚和無奈感才會平息下來。唯有到那時候，我們才實際有一個清淨、精神昇華的模範，眞正看得見而且和自己有關聯。

因此，外在上師十分重要。我們所需要的模範是和我們一樣的人類，但是他的心性發展卻超越目前我們所能想像得到的極限。當我們看見這種已經超越自私的人，雖然還活在世間，卻已超越世間狹隘的俗慮，他的言行都出自直覺的智慧，而且眞正獻身於其他有情的福祉，那時，我們才會信服自己也可能達到這種成就。否則的話，如果只有貪婪和囂張的壞榜樣，我們對自己的看法——自己現在是怎樣的人、以後可望成爲怎樣的人，勢必會狹隘得可憐。

好的模範不只是對有意修行的人很重要。不管我們是否自稱爲宗教人士，大家都有同感：當今世界迫切需要的是和平與和諧。然而，和平不是光靠嘴巴說說就能夠實現，更不是靠武力贏來的。眞正以和平與和諧爲生命重心的人，才是我們所需要的模範。這種人活得清淨、有力，唯有這樣的模範，才足以令人信服：此時此地眞的可能實現一個兼具內外在和平的大同世界。

爲何需要灌頂？

內在和外在的上師必須會合，我們才能夠在密續道上進步，完成自我實現。我們自己成佛的潛能必須靠接觸已經充分發揮這種潛能的人來啓發、活化。每一種密續的儀軌（成就法），都集中在某一位禪修的本尊，祂具體地表現徹底昇華、開悟的心某方面的特質。

正如凡庸、自我本位的心創造出我們侷限的環境；本尊徹底開悟的心也創造已經轉化了的環境，以便在其間發揮利益眾生的功能。本尊以及祂所轉化的環境，合稱爲「壇城」。如果我們想要內證某位特定的本尊，首先必須由具德的密續上師引介，進入該本尊的壇城。唯有如此，我們後續所修的自我轉化法才可望能成功。

每一位密續本尊都有其不間斷的修行傳承。爲了確保它的眞實、可靠性，這個傳承必須源自一位眞正的大師徹底開悟的經驗，進而這個經驗必須透過相續不斷的行家傳下來給我們，其中每一位都是修成這個本尊法門而證悟的。密續的「續」，意思是「連續」。密續的特長在於，透過行者連續不斷的傳承，保存並傳遞證悟的經驗。如果我們想要轉化自己，就必須透過「灌頂」和這個關係重大的傳承建立聯繫。

接受灌頂是爲了喚醒我們內在某種特殊的能量。透過灌頂，使我們能夠和上師建立親密的溝通，繼而激發我們的潛能，在密續之道上行進，直到功德圓滿。灌頂是師生分享禪修的行儀；那不是指某位來自西藏的僧侶穿著奇裝異服，即將神奇地賜給你不可思議的力量，讓你能夠主宰蛇蠍！千萬不要把灌頂想成這樣。我們也不應只注重儀式的表相——祈願、唱誦、搖鈴等。必須了解的是，灌頂有重大的內在意義。

那洛巴的故事

有一個不尋常的故事，發生在第十世紀印度大成就者帝洛巴和弟子那洛巴之間，足以說明密續灌頂的心髓。那洛巴一直渴望接受帝洛巴的灌頂，多年來一再地向他祈請，可是帝洛巴的行爲往往怪誕而無法預料，從來不答應他的請求，不是裝作沒聽見，就是顧左右而言他。但是那洛巴還是一直堅持下去。

帝洛巴讓這位弟子經歷無數的挫折和危機，長達十二年之久。之後，有一天，師生二人走過一片荒野，帝洛巴突然宣布：「灌頂的時候到了，向我獻曼達吧！」這裡所說的「曼達」，象徵供養整個宇宙。傳統上獻給上師以祈請灌頂的曼達，一般是用許多排列得很莊嚴的寶物構築出來的，但是在荒漠中什麼也沒有，那洛巴唯一能做的是在地上灑尿，用濕砂塑出一個粗劣的曼達。帝洛巴收下這個不尋常的供養之後，把它摜到徒弟的頭上，授與灌頂。這個特異的灌頂如磁吸鐵般，攝住那洛巴的心，令他頓時進入甚深大樂的禪定。久久之後，當他終於從甚深的三摩地出定時，他的上師已經消失不見了。不過，那洛巴終於獲得等待多年的東西——道地的覺觀傳授。

講這個故事的用意在於強調灌頂不僅是儀式而已。絕非如此！灌頂是師生之間一種特殊的溝通，取決於弟子內在開放和發展的程度及上師的證量，這兩方面同等重要。這種親密的溝通激發我們內在的本性，讓我們能夠持續不斷地修行下去，圓滿自我實現之道上所有的成就。

東西方都有很多人誤解密續的灌頂，他們以爲自己只要去參加灌頂就行了，其餘的事情都由上師包辦。「他正在授與某種特別的東西，只要我在場，就能夠得到。」這實在太被動了。眞正的灌頂，只有當弟子和上師雙方都主動參與才會發生。這是兩個心識分享相同經驗的活動，唯有如此，才眞正稱得上是在舉行灌頂。

灌頂需知

接受灌頂時，內心必須主動參與，那不僅是身軀的參與，在某個時間到某個地方去收受別人交給你的某種東西而已。我們必須善巧地放下，讓體驗來臨，而不是緊張兮兮地杞人憂天。你知道，灌頂以及其中所有的禪修，都是爲了把我們導入全覺的經驗，這種全覺直接對治破碎、不滿足、狂熱、二現的心。實證這種全覺的一切障礙，透過眞正灌頂的內在體驗，即可消除；除障不是靠聽聞或研究，而是靠親身的體驗。

那麼，爲什麼稱之爲「灌頂」呢？灌頂是禪修經驗的起點，從此開始以某種方式活化我們的定力、觀力和參透一切諸法實相的洞察力。你藉助這種灌頂的力量，運用本具的智慧、善巧和大發慈悲，使原本存在的東西復甦。

千萬要認知自己本來就具有智慧、善巧和悲心這些品德。不要誤以爲我們之中有任何人欠缺這些品德，也不要誤以爲透過灌頂，我們所領受的是完全不同於原本存在於我們內在深處的品德。一般來說，佛教的教法，尤其是密續法門，強調人人內在含有源源不絕的甚深智慧和大慈愛。我們必須做的是叩啓這些資源，活化成佛的潛在能量。

灌頂要有效果，師生雙方都必須參與，共同營造合宜的氣氛。上師有責任以眞正觸動弟子內心的方式進行灌頂，同時要善巧而有彈性地安排灌頂，以迎合弟子的口味。弟子必須懂得如何生起開放、寬大的心態，而且保持這種接納的心態。如果弟子太貪著感官對境、或者過分陷入自我愛惜、或緊緊地執取諸法自性存在的表相，就沒有餘地讓證量入心。反之，如果他們已經充分地修出離心、菩提心和空性正見，便不難卸下成見，開放地接納慧觀的傳授。

如果師生雙方都夠資格，灌頂會彌漫著大樂的智慧。灌頂具體展現密續本身超凡的大樂經驗，而不只是進入密續之前必須辦理的手續。事實上，過去有好多案例，弟子就在灌頂的過程當中達到正覺。

還有，務必要記住，對於一個認眞的行者來說，灌頂不是只接受一次而已。一再地接受某一個密法的灌頂，每次都更能夠領受更深層的體驗，這是司空見慣的事。即使起初的禪修僅僅停留在純粹想像的層次而非實際的體驗，也用不著失望。那還是很好，不要認爲那有什麼不對。單單去想像一個經驗，就會在自己廣大的識田中播種，這些種子終究會成熟，變成實際的體驗，這是自然的進展過程。所以你應當一直保持開放、放鬆，並安於現狀。

上師相應法

受過本尊的灌頂，就可以開始修該本尊的日課法本了。上師相應法是法本之中首先要做的禪修之一，做法大致如下：

✽觀想所修的本尊在我們面前或頭頂上，周遭環繞著傳承上師。「傳承上師」是指相續地把該法門的教法和證法傳下來的歷代祖師，包括該傳承的所有上師，從第一位祖師一直到自己的導師，也就是授與我們灌頂的上師。

✽然後，我們祈請傳承上師賜予啓發和加持。他們回應這個祈請，一尊併入下一尊，化爲光，從我們的頭頂進入，降到中脈（詳見第10章），並融入心輪中央。這時，一切凡庸、二現的表相和觀念都融入空性的淨空。

✽接著，禪思這樣的感受：和本尊一體的上師，與自己的微細意識水乳交融、無二無別。

上師的心髓是智慧：至極清澈、光明的心境，大樂和空性的證量在其中無分別地融合爲一體。因此，當我們觀想上師融入自己的心坎時，應當感到那分智慧在自己的本心留下不可磨滅的印象。從此不管處境如何，我們都應當設法反覆地憶念這種揉合大樂和無二現智慧的內在經驗。如果我們對於這份內在經驗的正念退失了，將會很容易受到粗分的感官經驗影響，最後無二現智慧的內在大樂會完全消失。

當我們把上師觀想爲所禪修的本尊，應當特別想一想上師對我們的大恩大德。簡單地說，雖然上師—本尊不是我的父母、夫妻，卻像這些親眷般關懷我，就好像完全是爲了我的緣故而存在，好讓我發展無比健康的身心。我們應當如此看待所觀想的上師—本尊。

透過這種觀想並思惟上師對你的慈恩，建立強烈的聯繫。我們把本尊視爲和自己具有無量慈恩的上師實質上無二無別，而非模糊、不具人格的圖像，就這樣發展出非比尋常的親密感。由於此親密感，加上把本尊的光明身觀想成輝煌燦爛、莊嚴亮麗，啓發便會迅速地降臨在你身上。你的觀想如磁吸鐵般吸引這樣的啓發和加持，這使你得以發展清明的證量，而這就是整個上師相應法的重點所在。以崇高的形象看待上師，純粹是爲了加速提升你的心靈境界，絕不是爲了利益上師。眞正的上師用不著這種崇拜。

與上師、本尊合一

並不是只有在正式禪修時，才需要視上師、本尊和自己基本上是一體的；在我們一生中的每一刻，都必須修上師相應，認同自己和上師的體性——佛性是一體的。切莫老是惦記自己困惱、不滿足的心；我們應當培養這樣的認知：自己和常駐於我們內在的絕對上師，根本上是一體的。即使最自我本位的心冒出來，也不要火上加油地強烈認同那分煩惱心，反而應當設法認知那分心正是上師—佛全覺的本性，亦即所謂的法身經驗（詳見第10章）。接著，突然之間甚至連那分煩惱心的能量也可以加以運用、轉化，使其消歸大智慧。這即是密續殊勝的教法。

不過，要成就這麼高深的轉化，必須靠持續不斷地修習上師相應法，熟稔上師、本尊和自己最內在的本性實質上是一體的。《上師供養》（*Offering to the Spiritual Master*）中說：「您是上師，您是本尊，您是空行，空行母，您是護法。」（汝為上師，汝為本尊，汝為空行及護法。）我們不妨借用基督教的意象來說明這一點。基督教靈修系統的基礎，建立在只存在一個上帝、一個絕對的眞理。雖然上帝化現爲三位——天父、其子及聖靈，實質上唯有一個上帝：全覺的主。同樣地，雖然密續談到許多不同的本尊、空行、空行母、護法等等，到了某一個時點，這一切表面上不同的個體都要視為一體——周遍一切的全覺、佛。這是密續根本的重點。一旦你充分發展自己，具體地展現你自己內在整個的潛能，那時你自己即成為本尊，即是佛。這是修上師相應究竟、終極的目標。

啓發內心

我們對於所謂「修行」這件事的認識，往往只在腦中而不在內心，這是大家的通病。我們引以為傲的是，自己對於世界各宗教懂得不少，甚至通曉他們的哲理和修行術語。但是基本上，我們依舊是未受調伏的煩惱漢。西藏人常說：「牛油是用來軟化皮革的，可是裝牛油的皮製容器卻依舊僵硬而無彈性。」儘管修行的知識是用來調伏煩惱，軟化堅牢、侷限的成見，不過我們很可能在腦子裡裝了一大堆宗教方面的知識，卻不為所動，依然故我。以枯燥、知識導向的觀點看待「修行」這件事，令我們內心冥頑不靈。

我們所欠缺的是內心獲得適當的啓發或加持。我們需要有某種由衷感受到的、鮮活的親身體驗，才能夠信服在我們自己的內在和外在，都存在著強力、超俗的精神世界，它是有功用的，這是現實的眞相。否則，我們的慧眼始終閉著，不管學了多少，都沒有辦法察覺到這個奧妙的現實。

前面我們討論過，上師提供這份必要的啓發、這份在我們的心識和覺者超凡的眞實經驗之間的聯繫。我們可以從上師的行誼中親眼見到修慈心和智慧的裨益。回想一下自己的上師畢生奉獻他人，毫無自我愛惜的心，以及他所具有的其他許多完美的品德，然後把所有的傳承上師全部融入、收攝到我們的心坎當中，使這些覺者的品德得以在我們內心深刻地生根。依據歷代的上師和弟子們的經驗，一方面反覆地修習諸如此類的觀想，同時放下對自己所抱持的牢固的自我觀，將會在內心產生奧妙的作用，把枯燥的知識化爲活潑的慧觀經驗。

修習上師相應法要有耐心，循序漸進，千萬不要出於錯誤的義務感，而勉強自己去做不想做的事。我特別想到的是，視上師和本尊無二無別的修法。事實上，除非我們的內在已經發展本尊品德到某種程度，否則不可能看得出上師和本尊實質上是一體的，所以用不著操之過急。如果我們修習這些高深的密續技巧，卻淪爲基於義務才去依循的習俗、成規，就像很多人上教堂做禮拜，純粹是爲了迎合社會的期望，未免太可惜了！要避免這種弊病，必須順著自然的步調，發展自己的修行。一旦我們越來越熟悉自心的本性、上師的美德，以及禪思本尊光明身導致的積極效果，終究會越來越徹底地領悟到上師相應法的奧妙。

衝破凡庸見的牢獄

我們不僅是徒勞無功地依賴世俗享樂，而且習以爲常地接受凡庸的顯現境和觀念。各種不同的密續法門，都是爲了幫助我們克服這些困境而設計出來的。無始以來，我們一直不斷地被洗腦，錯把十分偏狹、二現的五官所呈現的世界，當作是究竟的實相，信以爲眞。現在我們要試圖破除這個根深柢固的習慣，並非易事，因爲我們嬰兒般的空性慧很容易被粗浮的感官識覆沒。我們好比科學家，雖然從調查和推理得知桌子不外是不滅的能量剎那間呈現出來的輪廓，卻難免還是把它看作是牢固、靜態的物件。因此，我們有必要一再地反覆修習那些觀想法門，藉以消除我們誤以爲諸法牢固地自性存在的妄見，同時也有必要加強我們對於無二現的理解和體驗。

我們面臨的主要困難是，我們很自然地感覺，接受粗浮的感官經驗所呈現的現實，遠比相信觀想出來的現實輕鬆多了。我們一般都會覺得：「雖然我可以把自己看成是由光所形成的意識身，其實這只是在和自己的心玩遊戲，並不是眞的。我的肉身才是眞的，我可以實際碰觸到，而且在鏡中見到它。」

我們必須學會，透過想像所得到的經驗和感官經驗，實際上是一樣的，兩者都只存在於經驗者的心；經驗本身並沒有究竟、終極的現實存在。不過，話說回來，有一個重大的差異是：凡庸的感官經驗把我們困在輪迴中，一直周而復始地受苦、不滿足；反之，經由觀想由光形成的意識身，以及諸如上師融入的修法，引介我們認知自己的生命非常微細、根本的層次。我們可以憑藉這份極微細的淨光心，破解凡庸、粗分的觀念所構築的牢獄，體驗到圓滿菩提（佛果）永不止息的安樂。

如果你還沒有品嚐過自己本心的大樂，也還沒有親自看到自己如何能夠成就洞澈的覺知和徹底開放的境界，而這遠超過目前你自認爲可能達到的極限，你自然會相當存疑。你或許會認爲，諸如吃冰淇淋時所感覺到的樂受才是眞實的，而你在禪修當中或許會體驗到的任何喜樂都只是幻覺。要克服這層疑慮，唯有靠越來越熟悉自己內在的眞相，直到最後眞的感到那是不容置疑的。透過修習上師相應法和隨之而來的其他轉化法門，便能夠熟諳自己內心甚深大樂的特質。

複習

1. 何謂「外在上師」和「內在上師」？他們各自發揮何種角色功能？
2. 本章如何解析「就修行密續來說，有經驗的導師關係重大，因爲密續是高度內在技術性的發展系統」？
3. 何謂灌頂？爲什麼需要灌頂？如何以正確的心態接受灌頂？
4. 何謂壇城？爲什麼我們需要進入本尊的壇城？
5. 帝洛巴和那洛巴之間的故事，如何說明密續灌頂的眞義？
6. 如何禪修上師相應法？
7. 爲什麼說：「在我們一生中的每一刻，都必須修上師相應，認同自己和上師的體性——佛性是一體的」？
8. 本章如何解析「以枯燥、知識導向的觀點看待『修行』，令我們的內心冥頑不靈。我們所欠缺的是內心獲得適當的啓發或加持」？
9. 本章如何解析「我們必須學會透過想像所得到的經驗和感官經驗，實際上是一樣的」？

10. 本章如何解析「修習上師相應法要有耐心，循序漸進。千萬不要出於錯誤的義務感，而勉強自己去做並不想做的事」？

11. 本章對您最大的啓示是什麼？

10

無上密續入門

這章在說什麼

✻藉由轉三有爲道用，對治凡庸死亡、中陰及轉生，發掘自己微細、相續常駐的心識，願我能實證法身及色身雙運。

✻凡庸不由自主的死亡經驗和死後的遭遇，是一切困境的根源。

✻生時、死時都一樣，關鍵在於：認知幻相爲幻相、投射爲投射、幻想爲幻想。這樣我們就自由了。

✻死亡、中陰、轉生都一樣，有必要消弭、轉化的是不由自主地經驗這些事件。

✻把目前這個痛苦和不滿足之源的人身，轉化爲大樂道，成辦自他究竟的安樂。這是所有密續法門的終極目標。

金剛身和常駐心

根據無上瑜伽密續，我們的身心不僅存在於大家通常熟悉的粗分層面，也存在於大多數人毫無所悉的細分層面。我們的凡庸身由各種不同的物質元素組成，易受不可避免的老、病、死之苦：僅僅擁有此身，便不得不受凡夫界周而復始的苦厄。不過，在粗分身的範圍或氛圍內，有另一個更微細的身，即所謂的「金剛身」。「金剛」含有不可摧毀之意。正如粗分、易壞的肉身，遍佈凡庸的神經系統；同樣地，這個微細的金剛身遍佈數以千計的脈道，流貫其中的能量風和明點都是大樂之源，就修習無上密續來說，十分重要。

微細的意識身當下存在於肉身之內，和本自清淨、大樂的心一樣眞實。密續行者所要做的，就是去發現並加以運用。一旦透過禪修接觸到這個清澈、由光所形成的意識身，粗分身將不會再帶來麻煩，因爲我們將會超越它。肉身的限制，只是我執的另一個徵候，一旦我們和清淨的本性融合，就能夠克服肉身的一切限制。那時，成就本尊的虹光身，將不再僅僅是被觀想出來的標的，而是活生生的事實。

在此不宜詳細地討論金剛身和它的脈、風、明點，不過至少扼要地提一下中脈，對大家會有幫助，因爲它特別重要。中脈走直線，從頭頂一直到脊椎骨基部前面的地方。沿著中脈的脈道有好幾個灶點，稱爲「輪」或「能量輪」。每一個輪在密續法門中都有不同的功能。看我們修的是哪一部密續，以及禪修時所著重的是哪一個次第、功能，繼而針對某個特定的灶點，運用定力專注地滲透。這些事情在密續的法典中描述得很精確、詳盡，相關的論疏則由上師向具資格的修行者解說，而不是隨便找一個灶點就算數。

當胸的心輪最重要，因爲這是極細分心的家，而極細分心是所有密續行者無價的寶藏，從入胎起就一直跟著我們。事實上，從無始以來，極細分心的相續以及支持它的能量風，就一直跟著我們。因爲這個根本的心識今生始終安住在我們的心輪，所以極細分心又稱爲「常駐心」。極細分心的續流雖然生生世世一直不斷，卻罕有機會發揮作用。由於無數的粗分心不斷地升起，使得常駐心無法被啓動，而且無法發揮其最可貴的功能：洞澈實相遍及一切的體性。這些粗分心就好比觀光客（來來去去經常搬遷的短暫訪客），如如不動的常駐心反而完全被埋沒了。

所有林林總總的粗分心和細分心的活動，都取決於支持它們的能量風以及這些風流經何處。只要能量風流經中脈以外數以千計的其他任何脈道，就會發動觀光客般的粗分心，周而復始地撩起迷信和困惑，形成我們的日常生活經驗。但是一旦這些能量風進入、安住、融入於中脈，粗分心便會隱沒，代之而起的是極微細的淨光心，例如，死亡時會自然發生的狀況。

能量風融入中脈，平常粗分心發生作用的環境便自動消失，觀光部門被關閉了，迷信的念頭便不能夠再來去自如。在隨之而來的寂靜中，原始、根本的心識——常駐心便甦醒了。

這整個過程在死亡過程中會自動發生，不過極少人受過訓練，懂得利用在那個關鍵時刻升起的極微細淨光識。事實上，甚至很少人能夠認知到這一點。但是密續的男女瑜伽行者訓練自己，不僅在死亡時認知這個大樂識，而且在活著的時候即透過禪修喚醒能夠參透實相的淨光識，從而完全掌控它。他們培養甚深的定力，專注在金剛身，特別是中脈，藉以穿透粗分心活動的層面，和自己原始的本心接觸。這些行者能夠運用這種強力的定心，禪思無自性存在，參透究竟的實相，從而解脫所有的煩惱。在完全沒入無二現淨空的同時，他們當下體驗到不可言喻的大樂能量爆發出來。結合大樂和俱起的空性見（這種密續的經驗，稱爲大手印），是最快速的圓覺（成佛）之道。

改變死亡觀

在進階的密續修法中，金剛身的能量風融入中脈，關係重大，而且因爲這種消融在我們死亡時會自然地發生，因此我們現在就應盡量熟悉死亡的過程。

然而，許多人非常不情願考察死亡，甚至不願意去想。我們害怕而且覺得這整個課題十分可厭。其實，我們一定要知道自己的心如何運作——不但是在白天，還包括睡覺和死亡的時候；爲此，我們必須針對到目前爲止我們經常在迴避的事情，進行自我教育。只要我們去考察這些事情，就會發現：死亡並非恐怖的黑洞，等著把我們吸進去吞掉；相反地，死亡有可能帶來大安適、大喜樂。

我們總是認爲死亡不是好事，這純粹是自己的心理作用。事實上，死亡可能遠勝過我們一般認爲令人愉快的經驗，因爲那些凡庸的經驗無法帶給我們極大的喜樂及安詳。譬如，一朵美麗的花可以給我們某些東西，但不是死亡經驗所能夠帶來的超凡的大樂和安詳。男女朋友也許可以提供若干感官的歡愉或大樂，卻解決不了任何根本的問題，他們只能夠暫時解決某些比較膚淺的情緒問題。然而在死亡的時候，所有的情緒問題和焦慮不安都會止息；所有分別這個、那個，所有對立、矛盾的觀念，都會自然消失在虛空中，從而敞開體驗非凡、深透覺觀的康莊大道。所以，我們應該了解，死亡不是突兀、可怕的斷滅，而是一個漸進的過程，在那當中，我們的心會變得越來越微細。如果我們想要修無上密續，甚或只是想爲我們終究必須面臨的遭遇做準備，現在就必須盡力去熟悉這個漸進的死亡過程；否則，等到死亡那一刻才要做準備，那就太遲了。

轉死亡、中陰和轉生爲道用

經乘和密續的教法，診斷輪迴困境的方法不同，提供的解決辦法也不一樣。依照經乘的觀點，輪迴苦的根源是「我執」的顚倒見，亦即執取實有一個自性存在的「我」或「自我的個體」。爲了對治這種無知的觀念，我們必須培養完全相反的見地，生起空性的洞見：全盤否定獨立的自性存在的見解；而非無知地認同我們直覺上相信的自性存在。因此，經乘十分強調去除邪見，以相對的正見取代之。

密續的閃電乘並不否定經乘的說法，但是另外提供更積極的途徑，解決人生的困境。根據密續這些更高階的教法，凡庸不由自主的死亡經驗和死後的遭遇，是一切困境的根源。由於不由自主的死亡，我們被迫進入不由自主的中陰，從而經驗不由自主的轉生，更導致另一回不由自主的生死。生死之輪就是這樣不停地旋轉，把我們拖入一個接著一個不如人意的生存狀態。

必須再強調的是，死亡絕不是困境，而是一個寶貴的機會。對有充分準備的人來說，死亡過程提供絕佳的機會，體驗夢寐以求的淨光心——微細、通透、無比的大樂。雖然這份極喜的心在死亡過程中會自動生起，可是我們大多數人根本無法從中獲益。我們所經歷的死和生都不是自覺、內心了了分明地由自己作主；死亡原本可以是邁向解脫之門，卻變成進入迷惑的另一生的通道。

要療癒這種不由自主地周而復始的迷惑，必須透過禪修，把凡庸的死亡、中陰和轉生經驗，轉化爲佛陀正覺的經驗。密續是採用相順而非相逆的對治法——不是像空性慧和我執的無明般相逆。由於治療法和疾病相順，我們反而可以運用通常會導致迷惑、受苦的力量，帶來清明與自我實現。密續是極速道，不過若修行不當，會變成極險道，其中的原因之一即在此。

佛的三身

爲了了解密續如何處理死亡、中陰和轉生的困境，我們必須對佛的三身有所認識。一旦移除了目前覆蔽內心的所有蓋障，並且把所有的善潛能發揮到極致，便能同時成就佛陀的眞實身（法身）、受用身（報身）和變化身（色身）。法身是佛無限、無礙的心，其餘二身則是法身基於利他，在兩個層次上的化身。法身是自受用身，象徵佛成就內心至高的功德；報身和化身則是他受用身，佛陀應機任運地化現這兩種尚未澈悟的有情可以聯繫到的身相。

三身是佛全覺的經驗。我們不是全覺者，還沒有這種經驗，但是我們可以有類似的經驗——不但眞的可以有，而且就密續的果乘來說，我們應當有！這種雄心勃勃的心態，相當符合彌漫西方的心態：「我要最好的，而且馬上就要！」差別在於，世俗主要是奮力追求物質，而修行密續所尋求的是：把完全自覺地掌握人生每一面的大樂經驗，帶到目前的現實中。

善用人身

把死亡、中陰和轉生的經驗轉化爲成佛之道，不是幻想。由於我們擁有像現在這樣的人身，就必定能夠完成這個偉大的目標。依照經乘的教法，現在這樣的人身大抵被視爲障礙——它時時刻刻都在朽壞、容易生病，而且如磁吸鐵般地惹禍上身。事實上，四聖諦的第一個聖諦：苦諦，最簡明的定義即是指身體本身。不過，密續教法的觀點正好相反。人身絕不是障礙，反而被視爲最寶貴，因爲它包含這一生成就正覺所需要的一切裝備。人身由地、水、火、風四大以及相關的能量構成，而且由於它是從子宮出生的，所以含有得自母血父精的紅白明點，而那正是發動「昆達里尼」經驗中的大樂能量所必備的。

我們有幸能擁有這種人身，被賦予寶貴的機會，可充分實現潛能，因此切勿坐失良機。千萬不要像那些不懂得善用自然資源的人一樣。例如，我聽說有些尼泊爾的農夫把芒果樹砍掉當柴火燒。芒果樹需要種好幾年才能長成，果實非常寶貴，而那些農夫似乎不懂得珍惜，不但不好好地利用那些寶貴的果樹，反而把它們毀掉，導致土地沖蝕、流失，一無所有。

假如我們不運用人身寶貴的能量來成就佛果，反而在今生無意義的營求中白白蹧踏了，豈非遠比那些農夫更無知？我們應當模仿那些機靈的科學家，懂得從日光、潮汐、風等一切自然資源中萃取能量，運用在建設性的用途。換句話說，我們要很善巧，而最高的善巧牽涉到把目前這個痛苦和不滿足之源的人身，轉化爲大樂道，成辦自他究竟的安樂，這即是所有密續法門的終極目標。

死亡的過程

一旦實證全覺的佛性，便同時成就法身、報身和色身。不過就修行密續來說，這三身是依序逐漸演化的，反映了死亡、中陰和轉生自然展現的順序。前面談到，首先我們應當了解凡庸的死亡等等發生的過程，然後才能夠了解如何將其轉化爲佛正覺的三身。

死亡是指心識離開肉身。在一般自然死亡的情況下，這種分離可能需進行好幾個小時或好幾天，但也可能突然發生，如意外死亡。不管是哪一種狀況，死亡的過程都包含幾個固定的階段。身體並不是一下子就完全失去執持心識的能力；那是一個漸進的過程，身體的每一個元素——地大、水大、火大、風大，依次失去其支撐力。

談到死亡過程的密續法典，很生動地描述死亡最初的四個階段。首先，地大沒入或融入水大，然後水大沒入火大，火大沒入風大，風大沒入心識本身。這樣的描述對禪修有幫助，但不能望文生義。例如，所謂地大「沒入」水大，是指身體堅固的部分逐漸失去作用力，漸漸不再那麼密切地聯繫臨終者的心，而液體的元素相對顯得比較強勢、明顯。

隨著這些不同的生理元素依次地增強或轉弱，亡者會體驗到和隱沒過程中每一階段相關聯的內外在徵兆。這些徵兆在別的書上記載得很詳細，所以在此沒有必要全部複述。不過，把其中一些典型的徵相指出來，對大家會有幫助。

普通人死的時候，自己根本做不了主。由於他們生前未曾訓練過自己，所以無法應付死亡的經驗，當身體的元素失去平衡，不再和諧地作用，便會驚慌失措。對他們來說，那就好比置身在強烈的地震當中，根本很困難或幾乎不可能冷靜地覺察所發生的狀況。因此，死亡的經歷猶如一連串恐怖的幻覺、一場夢魘式的災難。不過，對於有備而來的人來說，令其他人驚惶的同樣景象，反而會帶來非比尋常的安詳。對於修心有素的高階行者來說，隱沒過程的每一階段所帶來的是，一直不斷提升的清明和慧觀。

根據佛教心理學，外境能否帶來滿足，取決於你的心識事先所做的決定。甚至在你見到某一樣東西之前，內心早就打定主意：「這會令我快樂。」等到眞正親眼見到時，你會認爲：「哦！這眞好！」負面的反應也一樣。如果你的心識已經決定不喜歡某人，一旦眞正遇見他，所見的一定是一個討厭的人。換句話說，我們所喜好或厭惡的一切對境，似乎是眞實地好或壞，但其實都是自己的心創造出來的。

這一切和死亡的經驗有何相干？佛教教導我們，活得安樂和死得安樂，道理都一樣，必須對事情的眞相了了分明，不受顯現境的表象誤導、迷惑。我們一輩子都活在不滿足的經驗中，一個接著一個，因為我們誤以為出現在眼前的好壞境界都是如其所顯般地眞實存在，因此，我們不惜投入所有的時間、精力，追逐這個、逃避那個。在這一生當中，我們建立了很鞏固的習慣，對於外境不是貪求就是排斥，難怪死到臨頭時，當一切似乎都在瓦解之際，我們會在一片大混亂之中驚慌失措。

解決之道是學習觀一切法唯心所造，連一微塵獨立存在的自性都不可得。我們必須了解，就這方面來說，一切法如幻。對於心識經歷死亡過程時接二連三出現的景象，我們也應當作如是觀。我們應當熟習死時會發生的狀況，才會懂得如何處理這些幻相，而不至於驚慌失措。生時、死時都一樣，關鍵在於：認知幻相為幻相、投射為投射、幻想為幻想，這樣我們就自由了。

首先讓我們考慮一下可能會發生在自己身上的狀況：如果我們完全沒有受過訓練而且毫無準備，勢必死於極大的焦慮和迷惑之中。一旦自我認同的基礎——我們的肉體本身，開始分解，我們會恐慌不已，緊抓著原以為堅實的「我」以求心安。

粗分四大隱沒的過程

身體的地大退化、而水大似乎增強時，內心會浮現幻覺，見到銀藍色閃爍發光的海市蜃樓。我們會覺得困陷而窒悶，好像被埋在土裡或陷在崩雪之中。

接著，水大沒入火大，出現煙霧渦旋的景象。這時，我們可能會覺得好像沉溺在水中或被強大的水流沖走。

其次，火大隱沒，身體變得越來越冷，所見的景象猶如夜間在野火上飛舞的火花。有些臨死者在這個過程中會哭喊，以為自己的身體著火了。

最後，風大隱沒，呼吸變淺，我們可能會覺得自己像風中的樹葉般被吹來吹去。隨著這個經驗出現的景象是在暗室中即將熄滅的火焰，好比一支即將熄滅的蠟燭，火焰突然變得亮起來，好像是在爆放最後的能量。原本已經越來越困難的呼吸，這時候完全停止。從外界看來，這時候我們似乎已經死了。（這個徵兆往往會使聚集在我們身旁的人哭出來。）

細分心隱沒的過程

其實我們還沒有死。粗分的四大以及和四大相關聯的分別心已經停止作用，可是還有微細的心識尚待隱沒。這發生在白、紅明點會合於心輪——微細的白明點入胎時得自父親，一生都留在我們的頭頂；紅明點得自母親，位於臍部，這兩個明點互相靠攏，最後在心輪會合。

*白明點降下時，我們見到一片白色的虛空。

*紅明點上升時，也是見到相似的虛空，不過這時的虛空是一片紅色。

*最後，白、紅兩個明點會合，形成一個小球，內含我們極微細的根本心識，以及和它相關聯的風。這時，我們感到好像置身在暗室中，一片黑暗，並且越來越黑，直到最後我們完全陷入昏迷。

*但是我們仍然還沒有死。心輪當中的小球體裡面住著極微細的心識，和相關的微細能量風。過了一些時候，可能長達三天之久，甚至是沒有受過訓練的人也

如此，小球打開，我們的心被照亮了。極細分心甦醒，只見一片清朗、明亮的虛空，此外一無所有。這個淨光識是這一生所經歷的一切心識狀態當中，最後也是最微細的了。

普通的凡夫無法掌控這一切隱沒——從出現海市蜃樓般的景象，一直到露出淨光。這些景象一連串地出現，我們卻幾乎渾然不覺，因爲我們的心太迷惑、散亂了。

轉死亡爲法身經驗

那些事先訓練有素的人，對於整個過程當中所發生的每一件事情，始終了了分明。他們知道接下來會到來的景象，同時了知所見的一切僅是垂死心的顯現境，絲毫沒有獨立的自性眞實地存在那裡。基於這份了解，他們不會被所見到的景象嚇住。相反地，隨著心識變得越來越微細，他們也越加透澈地覺知諸法非眞實存在。最後，淨光升起，在無法言喻的大樂經驗中，極細分心和空性密不可分地交融。對這種人來說，死亡是圓滿無二現智的大好機會。訓練有素的行者藉助這份清明、無礙的智慧，把凡庸的死亡過程，轉化爲佛正覺的法身經驗。

無二現的法身經驗超越了名言、概念，無法表達；談論這種經驗，總是難免有詮釋錯誤的危險。所以，你們不要相信我的話，這只是出於迷信的假話。不管所說的話多麼善巧，總是出自有限的分別心，而且是被同樣有限的心所理解。眞正需要的是超越言詮，觸及經驗的本身。所以，密續十分強調實修，而不空談理論。

研習各種佛教經論，並學習運用敏銳、批判的智力做分析固然是好事，不過我們應當了解，這種注重分析的修行方式，有時候實際上是有害的。指導我禪修的一位上師，有一次告訴我：「到了某一個時點，你必須放棄運用哲學的方法去理解事情，必須超越諍辯。」這些話猶如當頭棒喝，令我震驚。當時我是一個年輕、熱心的學生，喜歡分析、批評所聽到的一切。不過，我終於明白他的意思：一直陷在知識性的先見，會妨礙我們進入禪修經驗的堂奧。所以，務必懂得什麼時候要放鬆、放下，讓心契入其自然的清明狀態。

所有的傳承當中，眞正具格的上師都一直強調，有些時候根本不應該做任何分析或思惟的活動。例如，在無上瑜伽密續高階的圓滿次第修法中（稍後會討論）做分析性的思惟，是一大錯誤。爲什麼？因爲當你動腦筋的時候，種種迷信的觀念自然會冒出來，你的心會變得過度忙碌，隨著這些觀念的破碎能量而動盪。因爲每一個心境都各有其相關的風或能量，你的微細神經系統也會忙碌起來，隨著各種互相衝突的風能量動盪。這不但造成干擾，使你無法透過圓滿次第的修法駕馭神經系統，而且也容易導致一種痛苦的毛病，西藏人稱之爲「風疾」，意思是心中受挫的能量。修行道上的各方面都一樣，有時候應運用腦力，有時候則要把它擱置一旁。

轉中陰爲報身經驗

普通人在淨光一結束時，內心即體驗到前述法身經驗的景象，不過順序正好相反，是從無意識的黑暗到海市蜃樓。這個逆向的過程一開始，心便離開身，死亡這才眞正發生。我們隨即進入中陰，心再度完全不由自主，以迅如念頭閃過的速度，被驅策到一連串的情境，彷彿置身夢中。不過，那多半是一場夢魘。有時候，從往昔煩惱和惡業的習氣生起恐怖的景象會令我們驚慌而逃；有時候，出現誘人的景象會令我們懷著強烈的貪執去追求卻大失所望。畢竟這就是生前還擁有凡庸身體時的寫照；我們畢生都一直不斷地尋求安全感，避開這個、追逐那個，如今情況更糟糕。中陰身不過是由微細的風能量所組成的，沒有實體，可以無礙地穿透物質，所以不管恐懼、貪婪的心把我們丟進什麼情境，我們的中陰身都能夠無礙地身歷其境。

這是凡庸的中陰經驗。訓練有素的行者還是一樣可以把它轉爲正覺之道。由於他們精通彩虹般幻身的修法，當死亡的淨光一結束，他們就化爲清澈、明亮的光身，而不是迷惘的中陰身。就這樣把凡庸的中陰，轉化成正覺的報身或受用身經驗。

轉再生爲化身經驗

正如凡庸的死亡和中陰過程不由自主地任憑貪婪煩惱的力量驅策，凡庸的轉生也是一樣。最後，無明的業風把我們吹到未來父母的性交中。內心迷惘地交織著渴欲及憎惡，我們昏過去，然後在母親的子宮內受胎。從這個不淨的開端，另一期充滿不淨和苦難的生命隨之而來。身得自父精母血，易受生、老、病、死諸苦；心則承接前生的續流，不安的渴求、憎惡和無明，繼續驅策我們造下業因，帶來更多的不滿足和苦難。

正如轉化死亡和中陰一樣，善巧的行者也能夠轉化凡庸的轉生經驗。訓練有素的密續行者能夠自覺地選擇自己的轉生，不至於受不安和貪婪的勢力擺佈，無知地陷入無意識狀態，從中陰轉到下一世。由於他們修過克服凡庸相的法門，所以能夠把未來的父母看成男女本尊，也把自己看成本尊。視他們的功力和受過何種訓練而定，他們甚至可能投生淨土。在淨土的生存環境下，一切都有助於達到正覺。即使轉生到這個地球，也能夠選擇適合發展修行的環境，繼續修行，臻至圓滿正覺。本著這種充分的正知，完全掌控自己的來生，凡庸的轉生便得以被轉化為色身或化身的正覺經驗。

這只是扼要地說明密續行者如何把凡庸的死亡—中陰—轉生，轉化為覺者（佛）的三身。不過，這就足以讓我們明瞭無上密續法門的精髓。到現在為止，我們一直臣服於無明、業和許多煩惱的勢力，一再不由自主地流轉於生、死和轉生的輪迴，毫無選擇的餘地。除非我們能夠以智慧取代無明，而且把周而復始的死亡—中陰—轉生，轉化成佛陀正覺的經驗，否則，我們勢必永遠一直不斷地在這個惡性循環當中流轉不已，追求快樂，得到的卻只是失望！

斬斷轉生

我們不難了解，何以凡庸的死亡、中陰和轉生經驗是困境的根源。由於我們帶著不由自主的身心生、死、轉生，所以勢必經歷凡庸生命的身心諸苦。簡單地說，假如一開始不受生，這些問題就無從生起。透過無上密續法門，可以徹底避免這種不由自主的轉生，以及隨之而來的一切問題。

有些人聽說適當地修習密續能夠斷除轉生，可能會疑惑：「這有什麼意義？爲什麼要放棄重返世界的機會？難道修行之道是把我導向徹底的斷滅嗎？若是如此，我可沒興趣！」

爲了避免這樣的疑惑，我們應當了解「斬斷轉生」有其特定的意義，也就是說，讓我們不必一再地經歷不由自主的轉生。我們可以把密續法門修得很成功而仍然回到這個世界。事實上，基於我們所發的大悲菩提心，簡直難以設想我們有可能捨棄其他有情；基於菩提心的許諾，我們必定會爲了有情的緣故而重返世界。釋迦牟尼佛就是這麼做的；佛陀的出生絕不會構成困境，反而成爲無限利益的源頭。目前我們不由自主的轉生，只會令無始相續的輪迴之苦永續下去，這才是必須切斷的。死亡和中陰也一樣，有必要消弭、轉化的是不由自主的經驗這些事件。

貪、瞋、癡三毒在我們不由自主的生命中扮演非常重大的角色，因此勢必導致不由自主的死亡，而且在死亡的過程中，同樣這些三毒的煩惱甚至會引生更嚴重的困局。身體諸大隱沒帶來的幻覺，令我們的心驚慌失措，隨之懷著極度的恐懼和渴望進入中陰。由於我們在中陰所擁有的是意識身而非粗分的肉身，迷信對我們的影響力甚至會更強。內心浮現出來的一一煩惱，會立刻把我們丟進相對的煩惱境，那是相當恐怖的情境。到最後，當我們見到未來父母性交的景象時，由於渴求安全，迫使我們投胎，於是再度開始輪迴。沒有一個地方提供絲毫的歇息、安詳，而且我們所追求的安全和快樂，總是在規避我們，這正是凡庸的輪迴界的徵候。

修行密續法門，旨在幫助我們突破這個惡性循環，脫離這一切周而復始的困境。藉由修煉自己的心，超脫凡庸、惑人耳目的顯現境的擺佈，而且爲一生將盡、另一生將開始之際終究要遭遇的狀況預做準備，我們就有辦法以佛陀三身的正覺經驗，取代往常迷惘的死亡、中陰和轉生。

複習

1. 何謂金剛身？金剛身和凡夫的肉身有何不同？
2. 爲什麼極細分心稱爲「常駐心」，卻罕有機會發揮作用？在何種狀況下，它才能夠發揮作用？
3. 爲什麼金剛身的能量風融入中脈，關係重大？
4. 本章如何解析「一般凡夫對死亡的看法往往是錯誤的？什麼才是正確的死亡觀」？
5. 由密續的觀點來看，什麼是輪迴一切困境的根源？爲什麼說「密續是採用相順而非相逆的對治法」？
6. 本章如何解析「人身絕不是障礙，反而被視爲最寶貴，因爲它包含當生成就正覺所需要的一切裝備」？
7. 回想一下：死亡過程中，粗分和細分的四大如何逐漸失去作用力？凡夫和訓練有素的密續行者在這些階段的反應如何不同？

8. 訓練有素的密續行者如何把庸常的死亡，轉化爲佛正覺的法身經驗？
9. 佛教如何界定死亡眞正發生的時點？
10. 訓練有素的密續行者如何把把庸常的中陰，轉化爲佛正覺的報身經驗？
11. 訓練有素的密續行者如何把庸常的轉生，轉化爲佛正覺的化身經驗？
12. 本章如何解析「一直陷在知識性的先見，會妨礙我們進入禪修經驗的堂奧」？
13. 何謂風疾？其成因爲何？
14. 本章如何解析「斬斷轉生」特定的意義？
15. 本章對您最大的啓示是什麼？

11

超凡的自現

這章在說什麼

* 禪修三身，是修習自現本尊最好、最準確的方法。

* 無上瑜伽密續很像完美的耶誕布丁——濃郁、營養，而且十分可口。

  它應當具有三種特殊的味道：

  • 自己和其他一切有情都現本尊相。

  • 自己的心與無二現的智慧無分別。

  • 每個經驗都具足大喜、大樂。

* 本著天慢——強烈地感到自己就是眞正的本尊，密續的轉化會非常強勢地自然到來。

* 大樂的能量本來就遍佈整個神經系統，問題在於我們認不出來。

由自憐到超凡的自現

修行密續最重要的是要嚐到一點味道，眞正體驗到對你具有意義的東西。不管你得到的巧克力多麼小都無所謂，重點在於你品嚐到它而且感到滿足。就是這麼一回事。眞正付諸實修的人是內心把道理徹底弄清楚，同時在那當下立刻把所了解的道理納入心坎，消歸自性；他們才是吃到巧克力的人。

平常的二現心，亦即我們所謂講求實際的心，總是認為自己及身處的環境有些不對勁、不圓滿，總是在吹毛求疵。這就是二現心的徵候：總有什麼地方不對勁。二現心對現實不是加油添醋，就是低估它。這種神經兮兮、不滿足的心，從來不依循中道。二現心自覺或不自覺地感到：「我的本性不清淨。我天生不清淨，現在不清淨，也將帶著不清淨死亡，結局是下地獄。」不管是否自稱為宗教人士，信奉哲學或是無神論者，只要我們和自己基本的眞相失去聯繫，就難免會一直受這種愚蒙、妄自菲薄的觀點所影響。如果我們想要消除身心所有的疾病，務必擺脫這一切自卑自憐的錯誤觀念。

問題到底出在哪裡？問題出在我們老是覺得：「我是最糟糕的人，不清淨，充滿貪、瞋、癡。我就是這麼壞！」即使嘴巴不說，這種自卑、自貶，徹底消極、負面的思惟方式，正是我們所必須淨除的。

密續認爲，人類具有眞正的聖德。每個人的本性都是神聖而清淨的。爲了體認這一點，而且把這份體悟化爲生命的軸心，不僅僅是流於知性上的了解，正如我們之前討論過的，我們有必要強勢地化現爲本尊。

自現本尊和某一種文化或某一套信念毫不相干。你本來就一直在化現。當你化現自憐的形象時，並不會認爲自己在介入某種文化，你自然而然就把自己化現成那個樣子。既然如此，何不反其道而行，不再隨順這種無明的習性，相反地，培養強烈的天慢，自現爲本尊。開始實現你深厚的潛能吧！

禪修三身是修習自現本尊最好、最準確的方法。往昔的密續大師，如宗喀巴大師強調過，沒有比這個法門更要緊的了。

禪修法身

我們所修的本尊儀軌，可能詳盡地說明三身的禪修法，但其實類似下述的簡軌就夠了。一開始先憶念所皈依的三寶，並由衷地發菩提心，希願成就佛果以饒益其他有情。然後修上師相應法；這是密續道的根本。

＊觀想密續的上師在面前，他總攝我們所想要內證的一切正覺的功德。

＊想像上師來到我們的頭頂，融化爲光並降到心輪。

＊當上師這樣融入自己時，觀想我們正在經歷死亡的各種景象，直到開始出現極微細的淨光識。

＊就這樣，禪思上師大樂的智慧和我們的極細分心合爲一體。回想我們受灌頂的情景，同時繫念我們接觸到上師的清明和悲心，盡量觀想這種結合極其喜樂。我們能夠體驗越多的大樂，轉化的過程就會越順利。這種結合是微細且充滿大樂的經驗，超越凡庸的二現見。

*當所有的凡庸相融入智慧與俱生大樂無二現的淨空，應當盡可能一心不亂地專注在這樣的消融。應當思惟：「這是正覺的眞實身（法身），也是我的本來面目。」盡可能徹底認同自己就是法身，藉此把凡庸的死亡經驗轉爲正覺之道。

融入虛空

當我們以這種方式禪修法身，我們一向執持的自我觀多少會瓦解，這就稱得上是眞正的空性經驗了。不要灰心，認爲「我一點都不了解空性，甚至連『空性』這個字的意思都不懂，不知道該怎麼修、修什麼。」千萬不要這麼想，這只會形成障礙。畢竟，我們多少已經有一些淨光的經驗。過去我們死過很多次，依照密續的說法，死亡的過程當中自然會發現淨光，以及全覺的無二現。不但臨死時，睡眠和性高潮時，我們也會經驗到淨光的全覺，這些經驗多少會粉碎、軟化自憐心僵固的觀念。所以，不必擔心你必須很深入地了解空性，目前暫時只要不再涉入分別這個、那個的僵固觀念就夠了。就只是放下一切，讓所有的執著融入遼闊的淨空。

保持警覺，同時感受：這份機警的心識即是心包太虛的智慧，遍佈一切，無所不包。在這樣的虛空中，找不到自憐的我在吶喊，抱怨這個或那個；那完全不存在。讓心停留在這一片遼闊的淨空中，一切相對的迷思和虛妄的運作都蕩然無存，認知那就是眞正的法身經驗。那是清淨明朗、自然天成的境界，其中連一絲一毫的垃圾想法都沒有，完全沒有複雜的自我衝突。這就是眞相，你只要讓自己的心機警地安住在那裡就行了。

有關淨光經驗的這番解釋，可能令你感到不自在。你可能會運用理智來爭辯：「等一下，喇嘛耶喜！如果你是說：空性不外是虛空，那就錯了。你過分簡化一個很複雜的課題。這可不是龍樹的觀點，也不是中觀的哲理。眞正的空性和僅僅假裝融入虛空不一樣！」

你當然可以這麼爭論，甚至可以論辯所有微細的哲學觀點，證明空性不是指融入虛空。不過，這些其實都是廢話。爲什麼？因爲用知性的觀念理解空性，往往會阻礙我們獲得眞正的空性經驗。你可以寫一大部書明確地駁斥「空性如虛空」的說法，也可以辯論一輩子，但是這完全是浪費時間。

在我們的學習當中，固然要盡量設法獲得哲學上正確的空性見，確保我們對空性的見解和龍樹以及其他的大師完全一致。不過，在此的禪修不是有關於研究分析，而是實修。就實證法身的淨光經驗來說，所有的印度和西藏上師都說過，虛空是用來理解無二現或空性的最佳範例。

要得到真實的空性體驗，你必須有一個下手處。你必須有若干的經驗和體會：到底超越了世俗的、由自我意識產生出來的這個、那個的迷思，是怎樣的境界？這是重點所在。我們一定要想辦法放下這一切粗浮、僵固、囿限的觀念，以免一直陷在窠臼中，用不滿足、世俗的觀點，看待自己及其他一切現象。

從哲學的觀點來說，空性中無色、聲、味等等。透過死亡過程的消融，讓一切融入虛空，便可以把這個觀點轉成實際經驗。在融入的那一刻，你的心無從攀緣慣常的感官世界。在空性的淨光虛空中，無色、味、受等等。所有狹隘、二現的迷思全部消失，你內心自然的境界才得以擴散，擁抱整個實相世界。盡量久久地停留在這遼闊、無二現的境界，感到你已經由此成就真實的法身：圓滿正覺（佛）所具有的徹底無礙的智慧。

禪修報化身

那麼，你如何轉入報身的經驗呢？當你飄浮在法身的虛空時，放下一切，直到毫無餘物干擾你的心——完全一無所有。經過一些時候，相對性的迷思會再度出現，不知怎地開始吸引你的心，把你的注意力拉到它們上面。這就是你從法身移到報身經驗的時候了。只有你自己知道時機，別人無從得知你內心的狀況。

內心升起二現的撼動時，要記起利益其他有情的悲願，並下定決心化現可以和其他有情聯繫的身形。然後，在無二現的虛空（空性的淨光虛空），開始出現某種東西，就像一小片雲乍現在遼闊的淨空。此際從你遼闊的內心出現的形狀和顏色，視所修的法門而定。很多法本是以一個音節或字母象徵主修的本尊，也可能是彎線、種子字或別的形狀。不管是什麼，都應視之爲自己心識本身微細的現形。那不是你從外面觀望的身外之物；相反地，應當感到自己和它完全合爲一體——它是你顯現出來的自心的相狀。

接著，正如你強烈地認同無邊無際的淨光即是眞正的法身經驗，現在你應當認同這個微妙、透明的形象，此類似死亡與轉生之間無形體的中陰身，即是眞正的報身經驗。此經驗密不可分地結合大樂和無二現智慧，現在被認同爲佛陀眞實的受用身。思惟：「這是眞實的報身；這是我的眞面目。」維持種子字的明現和自現本尊的天慢一會兒，從而把凡庸的中陰經驗，轉化爲正覺的受用身之道。

當你準備就緒時，要記起爲饒益其他有情而發的菩提心，並下定決心示現可以聯繫更多有情的身形。本著這份悲願，種子字突然化成本尊透明的彩虹身。理解這就是圓滿醒覺的眞實化身（色身），體性是俱生大樂的智慧，以此身來替代凡庸轉生的粗分色身。再度強烈地認同此身，思惟：「這是眞實的化身，是我的眞面目。」就這樣，把凡庸的轉生，轉入佛陀的化身之道。

自現本尊時，應當感到自己就是本尊眞正的化身。不要認爲你只是在裝模作樣。總有一天，正如演員在演完戲之後還停留在戲中的角色般，你會很驚訝地發現，自己已經眞的變成本尊了。這種天慢——強烈地感到自己就是眞正的本尊，至爲重要。本著天慢，密續的轉化會非常強勢地自然到來。有人以爲密續只是在佯裝本尊，實在是大錯特錯。

放下

雖然你盡力在禪修中保持無二現的自覺、開放，卻很容易分心，生起種種迷信的念頭。這時不要和這些迷信對抗，通常最好是一直想像自己就是某一位本尊，例如度母，並深刻地意識到大慈悲心。駐留在此深層的意識空間，就讓自己成爲度母。

如果你發現自己又被紛紜的觀念所分心，例如突然想吃披薩，千萬不要花太多心思在上面，因而開始進入內心的對話：「我眞想吃一塊披薩！其實我大可好好地享受一番，而不是可憐兮兮地坐在這裡禪修。」不妨開始持誦度母的眞言：嗡—達列—都達列—都列—梭哈，直到自己再度安定下來。這遠比讓自己迷失在世俗的眞言：「披薩、披薩、披薩」中，善巧得多了。

過多的期望是禪修成功的另一大障礙。這種迷信的心態使我們不滿意自己的禪修經驗，而且一直迫使我們和想像中的理想較量，把自己弄得心煩意亂：「依照我所聽受的教法，這時候我應該體驗到大樂，可是我現在簡直感覺不到樂受。我一定是失敗了！」我們緊張兮兮地盼望獲得預期的經驗，結果並沒有出現。這很容易理解，大樂怎麼可能會在憂慮不安的心中升起呢？

唯一的解決辦法是放下。要知道期待就是障礙，只要內心有所期待，就要放下。換句話說，放輕鬆一點，不要操之過急。有時候我們用功過猛或自律太嚴，以爲這會更迅速地帶來我們所要求的證量。其實，過猶不及，用功過度往往會產生反效果，妨礙進步。

想一想那些還沒有學會在方向盤後面放輕鬆的新手駕駛。由於急於把每件事做對而忙個不停──調整方向盤、速度等等，開起車來一定極爲彆扭、不舒服，這使得開車不但不是愉快的經驗，反而變成苦差事。經驗老到的司機則不同，他們很放鬆。因爲他們已經學會放下，雖然必須一面開車、一面察覺周遭的狀況，他們還是可以任由車子在路上馳騁，車子開得平順而不費力。有時候感覺車子好像是喜樂地飛越在空中，而不是沿路嘈雜地蹦跳。同樣的道理，如果你想要在禪修中體驗類似的喜樂，就必須學會放下期望，盡量不要過分刻意地使力。

天慢與明現

生起次第修本尊的天慢非常重要。我們往往不知足，對自己的身語意吹毛求疵：「我的身材不好，聲音不好聽，頭腦不清楚。」我們慣於陷入這種無意義、神經過敏的吹毛求疵中，貶低自己也貶低別人。依照密乘的觀點，這非常有害。

對治這種傾向的方法是培養天慢。例如，進入化身經驗時，強烈地感到自己眞的是佛圓滿正覺的化身，內心了無迷信、限制。否則，如果你一直堅認自己基本上是困惑、易怒的，就會現爲困惑、易怒的人，絕不可能成爲大樂的本尊。專注禪思自己的本心和上師—本尊的睿智、慈悲一體無別，便不至於對自己抱著破壞性的想法而導致消極、不利於己的後果。就這樣開放自己，接納啓發的大浪，徹底轉化自己的生命。越強烈地專注在這種天慢的覺受，便會越深刻地體驗掙脫一切限制、不滿的自由。

無上瑜伽密續很像完美的耶誕布丁——濃郁、營養，而且十分可口。它應當具有三種特殊的味道：

* 自己和其他一切有情都現本尊相。
* 自己的心與無二現的智慧無分別。
* 每個經驗都具足大喜、大樂。

我已經說過，千萬不要只是佯裝本尊。觀想自現本尊不是這麼一回事。例如，你應當由衷地感覺自己就是勝樂金剛，你和祂一體無別。越努力培養這種一體感，轉化的經驗就越具威力。這是很順理成章的事。

其次，應當修習視一切顯現境如幻，而不是牢固地「在那裡」，和自己的心分開。換句話說，應當認知一切顯現境都是從空性升起，體性是空性、無二現。還有，「顯現境乃自性空、如幻有」的這種體驗，應當具有極度大樂的體性。這是在無上瑜伽的圓滿次第達成的，你把專注力內攝，直到強烈地覺知大樂的昆達里尼能量遍滿你的神經系統，這使你得以把所有的經驗和大樂的能量融成一體。

某些運動，例如哈達瑜伽，可以輔助轉化的過程，在圓滿次第的修法中，扮演很重要的角色。這些運動不僅是設計來改良姿勢或增進健康，終極的目的是提升我們體內大樂的昆達里尼能量。其實，這種大樂的能量本來就遍佈整個神經系統，問題在於我們認不出來。透過適當地練習哈達瑜伽，便可以學會聯繫乃至增長大樂的能量，而且能夠和它溝通，隨心所欲地把大樂的能量導引到任何地方。這不是爲了獲得凡庸的欲樂，而是爲了掌控身心最微細的層次。

無論做哪一種運動，務必保持自現本尊的正念。我們一定要擺脫侷限的自我形象和一切自憐的想法，這些運動才會眞正有效。適當地練習這些運動，總有一天只要碰觸身體的某一個部分，就會引生大樂。開始覺得越來越輕快、有彈性，原本是痛苦之源的身體能量，開始會激起極端喜樂的覺受。那時，密續的轉化不僅止於憑空想像，我們的生理狀態也深刻地轉化了。

密續的性格

很多人說：「身體不那麼重要，最重要的是內在的禪修。」這就錯了！依密續而言，我們不能說心比身重要，或者身比心重要。身心同等重要。密續所理解的身體，猶如一塊土地含藏未被透露的礦財。儘管我們的人身具有苦性，卻蘊含最有價值的自然資源：昆達里尼黃金！昆達里尼石油！

我們都曾經在某些時候體驗過身體大樂的覺受。有時候只是坐下來放鬆自己，突然全身籠罩著強烈的大樂。這是常有的經驗，不是什麼特別高的證量。不過這正暗示，甚至當下我們的體內就蘊含大量的大樂能量。各種不同的瑜伽術、運動和無上密續的禪修，目的都在於激發、駕御並運用這種大樂的能源，以成就圓滿正覺的佛果。只要你不會迷昏了頭，可以保持正念，大樂多多益善。不管你稱這種大樂是輪迴的、世俗的或是什麼，都無所謂；它確實能夠導致解脫。

密續的心要在於善巧地處理欲樂。能夠妥善地處理欲樂，進而將其化爲達成解脫的增上緣，這種人才夠資格修習密續；這是密續的性格。密續對於安於卑微的人毫無用處。這種人就像沒有燃料的核子反應爐，沒有資源可以用來做必要的轉化。

其實我們這個人身早就具有大樂的資源，這是人身被認爲非常寶貴的主因之一。我們需要的是用善巧方便，喚醒並運用這個資源，爲自他一切有情帶來圓滿的安樂。爲此，我們必須突破窠臼，不再用卑劣的心或慣常卑劣的投射聯繫自己的人生經驗。我們應該承認，人類所有的困境都是我們自己創造出來的，不應該歸咎於社會、父母、朋友或其他任何人。我們既創造自己所有的困境，也創造自己的解脫。達成大樂解脫所需要的一切，在我們的身心之內，當下具足。

結合智慧的享樂

我們透過佛陀的三身修法自現本尊，目的在於徹底粉碎自憐、自我意識窒悶的觀念。由於這種囿限的觀念從中作梗，使得我們無法引爆潛伏在神經系統內的大樂能量，從而實現圓滿正覺的潛能。

空性智慧是極爲喜樂的。很重要的是，澈見諸法眞正本質的智慧和極度喜樂的覺受這兩個元素，要在一個經驗當中統一。在西方，我們可以看到許多年輕人雖然很有聰明才智，但是在生活上所體驗的喜樂卻微乎其微，甚至全然沒有。聰明才智並沒有爲他們帶來快樂；相反地，很多人心緒混亂。儘管他們可以完成種種偉業，例如設計複雜的電腦遊戲，卻因爲不善於統合自己的智力和情緒，所以始終是枯燥、愛動腦筋、死氣沉沉，而且非常不滿足。相對地，有些人比較實際，能夠自得其樂，但是他們大都欠缺清明的理智和敏銳、洞澈的覺察力，這些人大致上是知足地過活，不過，他們的心智愚鈍。

密續設法培養大智慧，把聰明才智投入實際的體驗中，讓它和極喜樂地提升的覺知力結合，這樣就可以統合人生，實現潛能，獲得喜樂，同時根除通常和追求欲樂牽連在一起的所有困境。在這個世界，欲樂是一大問題。對很多富足的人來說，生理粗分的苦厄，如饑餓、疾病等，根本不成問題；但是如何處理欲樂而不至於發狂或墮落，卻是得不到答案的一大問題。智慧和大樂統一的密續經驗，正好提供了解決之道。

我們提過好幾次，依密續來說，人類根本的問題在於享樂往往使我們變得更無知，內在更加黑暗。這不是說我們不應該享樂。我們應當享樂，不過在享樂的同時，必須避免失控。我們必須避免受無明和煩惱左右。所以，這時候我們是在學習如何才能夠在體驗不可思議的大樂之同時，保持清明、節制。我們是在學習如何能夠透過享樂的經驗，引生清明、洞澈的智慧。

我們往往會把自己的遭遇據爲己有。甚至在禪修得力、感受到大樂的昆達里尼生起來的時候，也會強烈地想緊緊地抓住它：「這是『我的』經驗，非我莫屬！」這是應該設法破除的習慣。我們一定要學會讓歡樂的經驗發生而不據爲己有。只要我們能夠把自己的心和空性、無二現結合在一起，就辦得到。那樣一來，當樂受生起時，就好像是在虛空中的某處體驗它。這很難用言語來表達，希望你們不至於會錯意。總之，我們應該設法超越據爲己有的窠臼，不要把一切都牽連到我們所認定的有限的「自己」。

也許我可以講得更明白些。想像你面前有一個相當吸引你的人，光是看著他，就會在你的內在激起很大的能量。或許你會情不自禁地想要伸手去抓住他。接著，想像這個人突然融化爲輝煌、透明的彩虹光。自然而然地，你原有的一切重濁的渴欲、占有欲，也隨之化無，代之而起的是比較輕盈、活潑的感覺。你和這個美麗的對境之間還是有某種關係，不過卻已經有所變化了。放下貪著的心態之後，獲得的是更開闊、更全面性的體驗。我所講的就是這種輕盈、極樂、卻了了分明的體驗，而這正是我們要設法培養的體驗。

複習

1. 本章如何解析「二現心的徵候」？如何對症下藥？
2. 本章如何說明禪修法身的簡軌？
3. 禪修法身的目的何在？不了解空性的人也可以從中獲益嗎？
4. 本章如何解析「如何從法身轉入報身的經驗」？何謂「眞正的報身經驗」？
5. 本章如何解析「如何從報身轉入化身的經驗？如何禪修把凡庸的轉生，轉入佛陀的化身之道」？
6. 何謂「天慢」？爲什麼修本尊的天慢非常重要？
7. 爲什麼「過多的期望是禪修成功的一大障礙」？本章提供什麼解決的辦法？
8. 無上瑜伽密續具有哪三種特色？
9. 何謂「密續的性格」？
10. 本章如何解析「我們一定要學會讓歡樂的經驗發生而不據爲己有」？如何才辦得到？
11. 本章對您最大的啓示是什麼？

12
最後的成就

這章在說什麼

✻佛父爲大樂智慧，一切存在現實之顯相；佛母乃超越一切迷惑分別的空界。藉由佛父母非比尋常的擁抱，願輪涅一切法，由大空與大樂合成。

✻我們的內在越滿足，越能夠帶給其他有情歡樂和滿足。

✻內熱必定會帶來大樂，不過，這主要是引導我們進入淨光智慧的境界。

✻我們絕不能太熱衷於追求大樂，而忘記整個密續法門背後的發心。

✻有能力掌控自己內在能量的人，必定也能夠操縱外在的能量。

✻修習密乘的成功之鑰是——牢不可破的依止心、毫不懷疑、一心不亂、隱密地修行。

奇妙的內熱

生起次第中的禪修三身，其實只是爲進階的圓滿次第做準備的演練，圓滿次第才能夠實際把凡庸的身心，轉化爲覺者徹底超俗的身心。然而，生起次第的準備絕對有必要：藉由從空性的虛空中生起清晰的本尊相，並培養強烈的本尊慢，鬆弛我們牢固的自我觀，唯有如此，我們才能夠創造出轉化所需要的空間。

一旦我們有足夠的善巧修圓滿次第，例如在臍輪生起內熱❶，便能夠把所有的能量風導入中脈，使其完全融入中脈，就像死亡時會發生的狀況。這樣一來，我們本心的淨光智慧眞的會開始出現，最後我們將能夠化現彩虹般的幻身，隨心所欲地離開再返回原有的肉身。這些事情會實際發生，不像在生起次第，僅止於觀想。在圓滿次第，我們實際喚起潛伏於我們內在寶貴的昆達里尼能量，證得俱生的大樂智慧，而且克服凡庸身的限制。

一旦我們能夠隨心所欲地把內在的風能量導入任何脈道，便能夠駕御外在的風能量。有許多故事描述密續的禪修大師，對於外在諸大具有巨大的影響力。例如，有一次宗喀巴大師在拉薩籌辦盛大的祈願法會，點燃數千盞油燈，供奉在釋迦牟尼佛的塑像前面。一時，燈火失控地燒了起來，大家驚慌地跑去找宗喀巴大師，大呼：「你的燈供快要把寺院燒掉了！」宗喀巴大師於是坐下來，進入甚深的禪定，頓時所有的燈火全部熄滅。人們或許會說這是奇蹟，其實這根本不神祕，也不是無法解釋。有能力掌控自己內在能量的人，必定也能夠操縱外在的能量。無疑地，宗喀巴大師就具有這種能力。

我認爲內熱的禪修十分契合西方人的心理。爲什麼？因爲西方人對物質很著迷，他們喜歡處理物質、玩弄物質、修理物質，以及轉化物質。他們還試圖透過操縱物質來操弄人心。內熱的禪修也試圖做同樣的事：藉由操縱體內的能量，我們便得以拓展自己的心識領域，體驗高層次的大樂智慧。

而且，在我看來，很多西方人非常沒有耐心，想要立即見效。他們買速食咖啡、速食湯、速食早餐，什麼都要速食化。一談到修行之道，他們要立即的滿足、立即的經驗。這

譯註：

❶藏語 tummo（頓磨），有時譯為拙火或猛母火；在本文中一概譯為內熱。內熱是常駐於臍輪的能量。在無上密續的圓滿次第中發動內熱，是為了把能量風導入中脈。

正是做內熱的禪修，我們會得到的成果。只要依循一些安排得非常精確、科學，簡易而實用的步驟，結果就出來了：徹底轉化了的心識狀態。我們不必採納奇特的宗教信念，只要依照指示行事，經驗便會自動出現。專注於身心內在的能量，我們所經驗的現實就會深刻地改觀。就是這麼簡單而直截了當。

現代的步調非常快速，充滿了能量。能量的大爆發促成許多好事和許多具有破壞性的東西；就是這麼一回事。如果我們想要運用人生做一些積極的事，我們需要有一套有力的辦法，它至少必須和我們所陷入的混亂、唯物的能量一樣強大。無論多麼偉大的哲學理念，都不足以幫助我們脫離目前的危機。理念本身和浮雲一樣不實在；乍看或許具有說服力，不過很快就會蒸發，使我們還是和從前一樣無助。我們需要的是主動、有力、直接的東西，當下就能夠付諸行動，當下立即見效。這個「東西」就是密續，特別是圓滿次第的內熱法門。

有關立即見效和生起不可思議大樂這一番話，聽起來很有吸引力，不過我們切勿忘記兩大要點：

首先，雖然內熱必定會帶來大樂，不過其主要的目的是引導我們進入淨光智慧的境界。這份澈見實相的智慧，足以讓我們解脫煩惱的束縛。大樂本身無法做到這一點。因此，在禪修內熱的整個過程中，務必盡量加強理解空性、無二現、大樂的經驗本身非自性存在。假如我們隨順舊習，把大樂的覺受看成是牢固、自性存在的，那麼禪修內熱所產生的強大欲望能量，勢必導致悲慘的後果。

還有，我們絕對不能夠太熱衷於追求大樂，而忘記整個密續法門背後的發心。佛教的修行道，包括經乘和密乘，究竟的宗旨都是爲了最有益於其他有情。如果我們過分熱衷，奮力追求大樂的經驗，而忽略了獻身於其他有情的福祉，我們的修行絕對不可能成功。我們的一切作爲將只會導致更多的不快和挫折。

內在大樂之源

一旦我們越來越熟悉中脈內現成的淨光大樂經驗，將會發展出一套強效的方法，用以超越這個感官世界凡庸、囿限的經驗。我們將能夠把日常生活中的一切遭遇，和大樂識內在的經驗結合起來。我們所體驗的凡俗享樂不再有破壞內心安寧的危險。相反地，透過接觸欲求的對境而體驗到的任何感官欲樂，將會任運自然地融合大樂的智慧，因此只會增長內在的安詳。

每當感官接觸到悅意境，我們不會再落入貪婪、執著、愚鈍、失望的窠臼，反而能夠疏導被激起的欲望能量，使其遍滿整個神經系統。同時，我們將能夠讓這份新興的大樂識，水乳交融地沒入無二現的淨空。所有和欲望牽連在一起的老問題都將獲得解決，爾後欲望將會增長全覺的體驗，而非造成不滿足。

一旦開展出內在大樂、滿足的來源，我們會發現自己對周遭環境情緒上的需索大為減少。我們自己內在的清明，讓我們逐漸擺脫對外境的依賴。即使外在世界事事不順遂，也不成問題。而且我們再也不會杞人憂天——如果此時此刻我們自己的內在就能夠供應大樂，又何必擔心明天會失去某些短暫的歡樂呢？切莫認為享受內在的大樂多少是自私的。我們的內在越滿足，便越能夠帶給其他有情歡樂和滿足。

當然，我們需要下很大的功夫修心，行為表現才能夠這麼超脫。目前我們不容易培養、保持內在的滿足和平衡，不過，當我們記起在生活當中的某些時刻，的確體驗過若干寧靜的滿足，便會有信心自己一定能夠再度體驗這種內在的安詳。尤其是已經有人向我們介紹甚深的密續技巧，足以引生內心不可思議的大樂和清明，所以我們更應覺得大受鼓舞。越下功夫修習這些技巧，便會越了解，我們絕對可能運用自己的生命，眞正裨益自他一切有情。

空行和空行母

一旦我們通達圓滿次第的修法，而且能夠掌控微細的能量風等，空行和空行母遲早會到來。空行、空行母到底是什麼？簡單地說，空行、空行母對於密續的轉化和掌控經驗老到，因此能夠幫助非常具格的行者增長大樂的智慧。在通達圓滿次第的過程中的某個時點，我們有必要實際擁抱這種性伴，以便把遍行的能量風全部帶入中脈；這是爲了完全打開心輪，體驗最深層的淨光所必修的前行。

和性伴共修是很容易遭受非議的課題，尤以僅僅膚淺地接觸過佛教密續的人爲甚。譬如，很多西方人僅見過西藏的畫像和塑像呈現交抱的本尊，就誤以爲西藏佛教主要涉及男女之間的性交。正如我們先前曾經指出，這種藝術實際要表現的是方便和智慧，大樂和空性完全一體的經驗；這是圓滿正覺的境界所具有的特色。現在我們提到圓滿次第的修法，可能還會引生困惑，所以有必要強調：除非我們已經能夠完全駕御微細身，而且「擁抱」潛伏於內在的昆達里尼大樂能量，否則根本沒有資格擁抱外在的性伴。

密續的擁抱和凡俗的性接觸大不相同。只要我們記得在修圓滿次第時，行者已經把能量風融入中脈，從而體驗正如死亡過程中所發生的身心隱沒，那麼，這兩者之間的差異便顯而易見。除非能夠完全自覺和自主地進入這些類似死亡的經驗，否則所談的密續交抱都是無稽之談。此外，凡俗的性交是男人進入女人的身體，而眞正的密續交抱則是女性的能量滲透到男性。

實現內在的潛能

我們應當了解，依循這些密續的轉化技巧所達到的成就，有各種不同的層次。最高的成就當然是在死亡之前當生即成就佛陀的三個眞實身，也就是圓滿正覺。這絕對辦得到。許多有成就的行者就是這樣達到圓覺。即使我們現在無法表露本然的全覺，仍然可能在死亡實際來臨時，甚或在兩期生命之間的中陰階段成辦。縱使我們的修行無法一路把自己帶到佛果，還是可以免除我們對於死亡的恐懼，讓我們多少能夠掌控自己的轉生。這本身就是很大的成就，讓我們將來還能夠繼續不斷地修行下去。

當你進入任何禪修的法門，不管剛開始看起來多麼困難，都應設法鼓起勇氣，思惟：「不管我是否能夠徹底成功，至少我要設法獲得一些經驗。」不要覺得：「我怎麼可能禪修？我是初學，完全不懂得禪修。而且我這一生造了那麼多惡業，罪障深重，像我這樣的人，怎麼可能奢望成佛？」這種想法大錯特錯。

＊在嘗試之前，你絕不知道自己可能達到何種程度的成就。此刻你被無明障蔽，所以不知道自己眞正的潛能；如果你盡力而爲，可能會大出所料！

＊擔心自己罪障太重所以禪修不會成功，實在很傻。不妨看看密勒日巴。他造了那麼

多惡業，殺了那麼多人，仍有辦法圓滿地證悟出離心、菩提心和空性，最後透過密續法門，成就圓滿正覺。雖然正如他本人承認的，他一度是大罪人，由於上師馬爾巴的引導和自己的決心，使他能夠疏導自己的能量，成爲最成功的禪修大師。如果他都能夠克服罪惡的過去，相較之下，你的罪惡這麼輕微，爲什麼會認爲自己無法自拔？

＊我發現，那些在生命中曾經造下重大惡業的人，一旦轉而修行，往往最成功。反之，那些以極少的活力投入輪迴的人，往往也投注極少的活力以獲得涅槃。他們太麻木不仁，所以一事無成——好、壞事都一樣。

我說這一番話的用意是，身爲人，你絕對不應該畫地自限，不管到目前爲止你的人生遭遇如何。或許你試圖禪修，卻一直頻頻分心，突然間某種機緣成熟，帶給你驚人的能力，持續不斷地入定很久。這種事確實會發生，所以你應當鼓起勇氣繼續嘗試。至少，你應該下定決心：「我要充分掌控自己的心，這樣萬一災難來襲或死亡時，我才會有足夠的定力和清明，冷靜地認知所發生的狀況。」單單保持這種動機去修行就夠了。那樣一來，實現內在潛能的可能性一直都會在，而那份潛能遠超過你能想得到的限度。

成功之鑰

修習密乘法門要有所成就，必須具備四種品德：

牢不可破的依止心

這是指清楚地了解自己所依循的修行道：從最初的皈依，直到最後實證最高階的密續法門，都是可靠而且值得投入的。一旦我們從自己的經驗中領悟到，這條修行道的確正在引導我們邁向預期的目標，所以值得獻身投入，我們自然會對它產生牢不可破的依止心。

換句話說，對於自己所做的事應該要有信心。當我們和其他的禪修者或行者在一起，或者接近上師時，很容易做到這一點。在這種受到保護的環境中，修行就像是共享的文化，我們有信心去依循它而不會覺得奇怪或格格不入。不過，一旦離開這種人為的隔離環境，回到「眞實的」世界，可能很快就會對自己的修行失去信心，不想繼續修行。我們會感受到別人的期望及價值觀所造成的壓力：「禪修有什麼意義？你大可把生命用來做其他許多令人興奮的事情，爲什麼要坐著冥思自己的肚臍？」你可能很容易會受他們影響，不久會發現，自己再度埋沒在日常生活慣常的無聊事中，一點都無法把它變得有價值。不過，如果我們的信心堅定不移，對於修行的依止心也會同樣地堅定不移，不會受到外在的情境影響而消失，反而能夠將之轉爲道用。

毫不懷疑

不因內心不清明而優柔寡斷。一旦我們發展清明的智慧，了解修行法門的各種要素、次第和目的等等，所有會嚴重妨礙我們堅決地依循修行道的疑心，都會自動消失。

我們一定要盡可能覺察到，有穩固的架構在支撐我們的修行。許多人多年來聽了一大堆佛法的開示，有時候我會聽到他們抱怨：「我實在很困惑，不知道從哪裡開始修。我從這麼多的喇嘛那裡獲得教法，不知道到底誰是我的主要教師，我甚至不知道先做哪一種禪修……」

如果我們學了許多不同的科目，受過許多不同的灌頂，被介紹過許多不同的禪修，卻還不懂得怎麼修，這表示我們已經看不見在底層的修行架構。西藏佛教傳統上很出色的一點是（請恕我老王賣瓜），其中存在著一套清楚明瞭、從頭到尾的架構。有一份可以說是成就、證量等等的檢核表。從我的觀點來看，這是要大加激賞的。如果你感到迷失了，一方面向有經驗的前輩求教，同時自己檢查一下到底這套架構是什麼，然後穩札穩打地依循它。

務必發展一心不亂的定力

定力不夠穩定、集中，就不可能修行到家，品嚐到精髓。例如，如果我們想要掌控在微細的神經系統內的不同能量，不能夠只是含糊籠統地約略知道這些能量在什麼地方、如何發揮作用，就滿足了。相反地，我們應當力求精確地了解，所以內心必須有相當的定力才行。就這方面來說，密續和其他訓練並沒有兩樣。不管是在學術研究、運動或任何領域，把工作做得成功的人都有一個共同點：具有相當的定力。少了定力，就不可能有多大的成就。

不妨考量以下的例子。我們講過好多次，由欲望發動的一切活動（甚至是喝一杯奶昔），都可能透過密續法門，轉化爲大樂智慧的經驗。只要我們的定力夠強而且訓練有素，就可能準確地追蹤到品嚐和吞嚥奶昔時所發生的狀況。所有被激起的能量都可能加以疏導，用來增長臍輪的內熱。內熱的熱能輸送大量的大樂能量到神經系統，加上無二現廣大的智慧，使得整個經驗富饒法味。對有充分自覺的人來說，僅僅是喝一杯奶昔，即是觸及大樂智實相的強力法門。這不是虛願或假想，而是實際發生的事實。

不過，通常我們接觸不到內在的實相。例如喝東西時，我們無法直接覺知舌頭、胃部、神經系統、或身心內部發生的概況。我們不像某些瑜伽士，對於整個狀況了了分明，必要時還可以任意地操縱能量。我們一向麻木不仁，所以我們所體驗到的很可能是腹瀉，而不是大樂的智慧。

隱密地修行

如果我們想要達成最高的證量，應當隱密地修行。這一點聽起來可能很怪異，但是非常重要。事實上，密續法門正確的名稱是「祕密眞言」。在此，「眞言」是指護心，「祕密」則是用來提醒大家，這些強有力的法門好比是珍貴的寶藏，應當自己留著用。如今，密續的修行變得相當墮落，有些修特殊密法的人竟然公開吹噓：「我是密行者！聽聽看我能做什麼！」這種公開、傲慢的舉止非常不明智，只會召來障礙。保持調柔的外貌，做一個內在的大修士，遠比外在大做表演而內在毫無證量要好得多了。

往昔的禪修家說過，如果我們培養這四個肇因——牢不可破的依止心、毫不懷疑、一心不亂、保密，而且穩健、正確地修行，修行道上所有一切有力的成就，一定伸手可及。依照許多行者的經驗，禪修的功夫到家時，可能會發生智識和證量大爆發。那就好像從前我們是平凡無知的人，突然被轉化爲證量高深的大行者！這不是西藏宗教的狂想，而是確實發生的事實。

我們這些庸俗之輩，被迷信的厚毯緊緊地裹住。如果我們能夠設法放下這些窒悶的觀念，當下就可以馬上切入，直探實相令人無法置信、甚深的層面。雖然我們並不期望發生任何特殊的事情，這種證量的大爆發突然就發生了，毫不費力、任運自然。這種事情絕對可能發生。不過，說食不飽，如果我們想要獲得密續轉化的利益，就必須親自去培養經驗。

複習

1. 本章如何解析「生起次第中的禪修三身，只是為進階的圓滿次第做準備的演練」？
2. 本章如何以宗喀巴大師為例，說明「有能力掌控自己內在能量的人，必定也能夠操縱外在的能力」？

3. 何謂「內熱的禪修」？做這種禪修的目的何在？會帶來什麼功效？

4. 本章針對內熱的禪修，提出哪兩個注意事項？

5. 本章如何解析「我們的內在越滿足，便越能夠帶給其他有情歡樂和滿足」？

6. 何謂「空行、空行母」？他們在圓滿次第的修行過程中扮演何種角色？

7. 爲什麼說「密續的擁抱和凡俗的性接觸大不相同」？

8. 本身提出哪三點，勸勉大家「進入任何禪修的法門時，不管剛開始看起來多麼困難，都應當設法鼓起勇氣，繼續嘗試」？

9. 依照本章，修習密乘法門要有所成就，必須具備哪四種品德？

10. 閱讀本書是否增強您對於密續、尤其是無上密續法門的信心和理解？

迴向文

勝菩提心極珍貴　諸未生者令生起
令已發者不衰退　展轉增上恆滋長
勇猛文殊如實了諸法　大行普賢菩薩亦如是
爲能隨從彼等淸淨學　我將此等善根皆迴向
正如一切三時善逝佛　所讚種種迴向中最勝
爲行普賢行我亦如是　將此善根各各皆迴向

由於我及諸佛菩薩、其他一切有情三世所累積的功德，願所有的父母有情具足安樂；願三惡趣永遠成空；願所有菩薩的祈願立刻成功，願我能夠獨自成辦這一切。

由於我及諸佛菩薩、其他一切有情三世所累積的功德，願我及其他一切有情，盡未來世唯值遇圓滿具格的大乘上師。願從我們這一方唯把他們視為佛。願我們唯做最令善友聖心歡喜的事。願我們能夠立即圓滿他們所有的聖願。

由於我及諸佛菩薩、其他一切有情三世所累積的功德，不管我身在何處——無論是哪一個宇宙、世界、國家、區域或地方，僅僅由於我在那裡，願那個宇宙、世界、國家、區域或地方的一切有情永遠不墮惡趣。願他們立刻解脫一切疾病、魑魅傷害、惡業和煩惱；願他們實證整個佛道，尤其是菩提心，因而迅速成就佛果。願所有的災荒，如戰爭、飢荒、疾疫、地震、水災、火災、颱風等，立刻、永遠平息。

由於我及諸佛菩薩、其他一切有情三世所累積，徹底非由自己方面存在的功德，願徹底非由自己方面存在的我，成就徹底非由自己方面存在的釋迦牟尼佛果位，並引導徹底非由自己方面存在的所有有情成就同樣的果位。願這一切都由徹底非由自己方面存在的我獨自成辦。

願一切身心受苦的有情，因我的功德而獲得如海的快樂和喜悦。
願一切有情不受害、造惡或生病。
願一切有情沒有恐懼或被人欺負，内心沮喪受挫。
願盲者見色，聾者能聽。
願因辛勞而疲乏的身體，得到休息而復原。
願裸者得衣，飢者得食，渴者得水和美好的飲料。
願窮者轉富，悲傷者得歡樂。
願失落者得希望。
願風調雨順，農作物豐收。
願所有的藥物生效，有益的祈願有成果。
願所有的病者迅速康復。
無論世上有什麼疾病，願它們永不再出現。
願驚慌的人不再恐懼，囚者得釋；願弱者得勢。
願人們想到互相幫助。
乃至有虛空，以及眾生住，願我亦住世，盡除世間苦。

功德增廣十萬倍的眞言

敬禮毗盧遮那世尊、如來、應供、正遍知！（1遍）

敬禮普賢菩薩摩訶薩！（1遍）

答雅他　嗡　潘[恩]擦　枝牙　阿哇波塔尼　梭哈

嗡　杜如　杜如　絮牙　木些　梭哈（7遍）

炯顛迭　迭新雪巴　扎炯巴　揚大巴[爾]　左悲　桑給　面歌[以]拉　拜都[爾]雅

無[依]歌[以]　嘎[牙]玻啦　恰[克]查囉（1遍）

炯顛迭　迭新雪巴　扎炯巴　揚大巴[爾]　左悲　桑給　渦哇當　孟蘭（湯[木]卻　惹[巴]杜）

杜貝　嘎[牙]玻啦　恰[克]查囉（1遍）

願以勝佛菩薩之加持　緣起無欺無誑之眞諦

及吾清淨增上意樂力　眞誠誓願諸要處成就

詞彙解釋

【二劃】

二顯、二現（dualistic view）：未開悟的心特有的無明見，誤以爲一切諸法具有堅固的自性；對二顯見來說，對境所顯現出來的相狀摻雜獨立存在或自性存在的假象，進而引生主客、自他、彼此等的諸多二顯見。

【三劃】

三主要道（three principal aspects of the path）：指出離心、菩提心和空正見，是經部成佛之道的核心教法。

三身（three bodies of a buddha）：指佛的法身（滅盡無明障的心）、報身（對高階菩薩化現的身相）和色身（對凡夫化現的身相）。又名：眞實身、受用身和變化身。

三摩地（samadhi，梵音）：甚深的禪定狀態；一心不亂地專注在諸法的實相；毫無散亂想或二顯見。

三寶（three jewels of refuge）：指佛教徒皈依的三個對象：佛、法、僧。

上師（guru）：精神導師；對弟子開示解脫和成佛之道者。在密續，上師被視爲和所禪修的本尊、所皈依的三寶無二無別。

上師相應、上師瑜伽（guru yoga）：修行密續的基礎法門；把自己的上師視爲和諸佛、自己個人的禪修本尊一體，同時把上師視爲即是自己究竟的心性。

大手印（mahamudra，梵音）：禪修心和諸法實相的高深法門。

大樂（bliss）：至極喜樂的感受；在無上瑜伽密續中，專注在空性上的極微細淨光心會體驗大樂。

【四劃】

不二智（nondual wisdom）：了悟諸法存在的實相，超越一切二顯見；通常被當作空性慧的同義詞。

中脈（central channel）：金剛身的主要能量脈，被觀想爲位於脊椎前的中空光管。

中陰（bardo）：介於死亡和轉生之間的生命狀態。

中道（middle way）：釋迦牟尼佛在《般若經》中所開示的見解；龍樹加以闡明，謂一切法都是緣起法，因而避免自性存在（實有的常見）和完全不存在（斷無的斷見）的邪見（參見「中觀」）。

中觀（Madhyamaka）：龍樹創立的分析思惟體系，以釋迦牟尼佛所說的《般若經》爲基礎。中觀陳述的是最殊勝的空性見。

化身（emanation body）：佛爲了利益凡夫所化現的身相。

幻身（illusory body）：藉由修無上瑜伽密續的圓滿次第而生起的微細身。

文殊、曼殊師利（Manjushri）：象徵佛智的男性禪修本尊。

內熱、拙火、烈母火（inner fire）：安住在臍輪的能量，透過無上瑜伽密續圓滿次第的禪修技巧，將所有的能量風引入中脈，以便生起淨光。

【五劃】

出離心（definite emergence）：修行人的一種心態，想要背離輪迴的苦及苦因，而且要達到涅槃或成就圓滿的佛果。

四聖諦（four noble truth）：指(1)苦諦、(2)苦集諦、(3)苦滅諦、(4)道諦；這是佛陀初轉法輪時說法的主題。

四續部（four classes of tantra）：密續分爲事部、行部、瑜伽部、無上瑜伽部。

平等心（equanimity）：對所有的有情一視同仁的心態。可藉由克服將其他有情歸爲朋友、冤敵或陌生人的習性，來培養這種心態；這是發展悲心和菩提心必備的基礎。

本尊瑜伽（deity yoga）：密續的一種修行方式，自己化現爲禪修的本尊，置身於清淨的壇城當中。

本尊慢、天慢（divine pride）：強烈地相信自己已經成就某一尊禪修本尊的境界。

正覺（菩提）（awakening enlightenment）：佛徹底由無明的睡眠中醒覺過來的境界。

生起次第（generation stage）：無上瑜伽密續二次第（生起次第和圓滿次第）當中的第一個次第。在生起次第中，行者著重於生起自己所選修的本尊的清淨相及本尊慢。

【六劃】

死亡（death）：心識在生命終止時，離開身體。

自我愛惜（self-cherishing）：以自我爲中心的心態，漠視其他有情，把自己的利樂看得比其他有情的利樂更重要；這是修證菩提心的主要障礙。

自性存在（self-existence）：妄見誤以爲一切法（現象）獨立地從自己那方面存在，而非依靠眾因緣、支分、分別心安立名言而存在。反之，空性的智慧了知一切法無自性，連一微塵許的自性都不可得。

全覺（totality）：「佛果」的同義詞；這是喇嘛耶喜獨特的用詞。

【七劃】

我執（ego-grasping）：認爲自己或「我」是恆常的、自性存在的、而且獨立於其他一切法的無明執著。

那洛六法（Six Yogas of Naropa）：無上瑜伽密續圓滿次第的一套修行法門，包含：禪修拙火、幻身、光明、遷識、奪舍、中有。

那洛巴（Naropa，1016-1100）：印度的大成就者，帝洛巴大師的弟子，馬爾巴和梅紀巴尊者的上師，是許多佛教密續傳承的祖師，包括著名的那洛六法。

那爛陀寺（Nalanda）：大乘佛教的僧伽大學，創立於五世紀，曾經是佛法、尤其是密續傳承傳播到西藏的重鎮，位於北印度，離菩提迦耶不遠。

佛（Buddha）：梵文意爲「完全醒覺」，指證得佛果者，已經滅盡內心的一切無明障蔽，具足一切功德，是佛教徒皈依的三寶之一。

佛果、菩提（enlightenment）：佛位；遍智心；徹底覺悟的境界。此乃大乘佛教終極的修行目標——淨除內心所有的過失，圓滿一切證量的境界，其特色是具有圓滿的慈悲、智慧和威神力。

佛法（Dharma）：梵文的原意是「能夠令人離苦」，是佛教徒皈依的三寶之一。

咒語、眞言（mantra）：由梵文的音節組成，原意是「護心」；持咒通常和特定的本尊修法有關聯，含攝該本尊的特殊功德。

【八劃】

宗喀巴大師（Tsongkhapa，一三五七～一四一七）：西藏佛教格魯派傳承的創始者，是一位大學者和大成就者，畢生從事非常廣大的利生事行，例如，復興許多經續的傳承和西藏的寺院傳承，貢獻甚鉅且影響深遠。他的著述豐富，例如《菩提道次第廣論》等，以及密續方面的許多論著。

定力（concentration）：能夠一心專注在自己所選擇的任何禪修的所緣境上的能力。

明現（clear appearance）：觀想自己化爲禪修本尊的清淨相，置身於本尊的清淨壇城內。

明點（drops）：金剛身的構成元素之一，用以生起大樂。有白、紅兩種明點，於受孕時分別得自父親和母親。

空行（daka，梵音）：梵文的字義是「行於天空者」，指具有密續證量的男性，能夠幫助具格的密續行者激起大樂的能量。

空行母（dakini，梵音）：梵文的字義是「行於天空者」，指具有密續證量的女性，能夠幫助具格的密續行者激起大樂的能量。

空性（emptiness）：否定實有的自性存在。這是一切現象（包括自己）存在的究竟眞相——不是眞實、獨立、固有存在，不是從自己方面存在；是無自性、緣起的存在。

空性瑜伽（emptiness-yoga）：在佛教的密續中，行者將所有的凡庸相融入空界的一種修法。這是自現為禪修本尊清淨相的前行修法。

金剛身（Vajra body）：凡夫粗分的肉身之內蘊含細分的金剛身，遍佈許多脈道，能量風和明點流貫其中。透過修行無上瑜伽密續，令其活動起來，從而喚起極微細的大樂淨光心，能夠生起洞察諸法實相的智慧，用以根除內心的煩惱。

金剛持（Vajradhara）：男性的禪修本尊；釋迦牟尼佛開示密續教法時所示現的形相。

金剛瑜伽母（Vajrayogini）：勝樂輪中，半忿怒相的女禪修本尊。

金剛薩埵（Vajrasattva）：密續的男性禪修本尊，特別能夠幫助修行人淨障；透過修金剛薩埵，消除由於造作惡業和違越戒誓所造成的障礙。

昆達里尼（Kundalini，梵音）：指潛伏在身體裡面的大樂能量，透過修密續得以激發出來，用以生起洞徹實相的慧觀。

【九劃】

前行、加行（preliminary practices）：照西藏佛教的傳統，為了讓自己的內心做好準備，使密續的禪修成功無礙，必須先修各種淨障集資的功課，如：大禮拜、皈依、獻曼達、金剛薩埵、上師相應法等。

哈達瑜伽（hatha-yoga）：這種瑜伽運動可以令身體更柔軟、有彈性，從而有助於消除令能量風無法暢通的窒礙。運用在和金剛身有關的某些修法當中。

帝洛巴（Tilopa，九八八～一〇六九）：印度的大成就者，那洛巴的上師，是許多密續教法的傳承祖師。

度母（Tara）：女性的禪修本尊，總攝諸佛的事業、懿行；通常指過去、現在和未來諸佛之母。

皈依（taking refuge）：由於恐懼輪迴之苦，至誠地信靠佛、法、僧三寶有能力救護自己，遵循皈依的學處，導向解脫、成佛之道。皈依是進入佛門，成爲佛教徒的基礎。

【十劃】

乘（vehicle）：意指行者被導向他所希求達到的修行境界——解脫或成就佛果。

修法儀軌（sadhana）：梵音的字義是「成就的方法」。和特定的禪修本尊相關聯的一套循序漸進的禪修儀軌。

時輪金剛（Kalachakra，梵音）：梵文的字義是「時間之輪」。無上瑜伽密續的一位男性禪修本尊。時輪金剛密續包含醫藥、占星等，以及成佛之道。

涅槃（nirvana，梵音）：徹底解脫輪迴的境界；這是尋求自己個人解脫痛苦的修行人修行的目標。小乘涅槃指的是這種自我解脫的境界。另外，大乘涅槃是指成就無上佛果的大解脫。

班禪喇嘛（Panchen Lama，一五七〇～一六六二）：第一世班禪喇嘛善慧法幢，第五世達賴喇嘛的親教師，著有許多經續論典，包括：《上師薈供》（*Guru Puja*）和著名的《菩提道次第論著》——《安樂道論》（*Path to Bliss Leading to Omniscience*）等。

眞實身、法身（truth body）：指圓滿無上正覺的佛極樂的遍智心，毫無蓋障；一方面安住於現觀空性的禪定狀態，同時了知一切諸法。

祕密眞言（secret mantra）：佛教密乘的密續教法。

脈（channels）：構成金剛身的元素；能量風和明點流經其中。

脈輪（chakra）：能量輪；沿著中脈的能量灶點，密續行者、尤其是在修無上瑜伽密續圓滿次第時，以定力專注的所在。

能量風（energy-wind）：在身體的脈輪中流動的細微能量，是構成金剛身的元素，充當粗分和細分各種心識狀態的坐騎。

般若波羅密多經（Perfection of Wisdom Sutra）：釋迦牟尼佛二轉法輪時，宣說空性的智慧和菩薩道。「般若」意爲「智慧」，「波羅密多」意爲「度」。

馬爾巴（Marpa，一〇一二～一〇九六）：西藏聞名的密續大師和大譯師；噶舉派的祖師，他是那洛巴的弟子，密勒日巴的根本上師。

【十一劃】

密勒日巴（Milarepa，一〇四〇～一一二八）：西藏的大成就者，由於他對上師馬爾巴無懈可擊的依止、他的苦修和證道歌而享有盛名。

密續（tantra）：梵文的字義是「線」或「連續」。佛祕密傳授的法教，係針對特殊根器的有情，具有強烈的菩提心，發願迅速成佛以利眾生。密續的行者認定自己和圓滿佛果的本尊一體，以便轉化自己不清淨的身口意，契入該本尊清淨的果境。

密續上師（tantric master）：具有資格傳授灌頂並引導弟子依密續道修行而成就佛果的上師。

常駐心、元在心（residential mind）：極微細的心，安住於心輪，隨同支撐它的能量風生生世世相續不斷。

淨土（pure land）：超越輪迴的佛剎，那裡毫無苦難；在淨土出生後，修行者可以直接受教於該淨土的佛，從而悟道成佛。

淨光（光明）（clear light）：最微細的心；出現於能量風融入中脈時，死亡時自然會發生，或者藉由修行無上密續的圓滿次第成功也會顯現，修行者運用它來證悟空性。

【十二劃】

喇嘛（lama）：指上師、修行的導師。

報身、受用身（enjoyment body）：佛圓滿的受用身；佛對聖菩薩化現的微細身。

悲心（compassion）：願令一切有情解脫苦和苦因，是發菩提心的前提。觀音表徵一切諸佛的悲心。

智慧（wisdom）：對於諸法具有無錯謬的了解，尤其是指了悟空性。智慧是無明的正對治；表徵一切諸佛的智慧。

無上瑜伽密續（highest yoga tantra）：四部密續中的第四部，也是最高深的續部，主要強調內在的事行。無上瑜伽密續包含生起和圓滿兩個修行次第。修行無上瑜伽密續成功，能夠在一生成就佛果。

無明（ignorance）：心所之一，令內心蒙蔽，以致無法見到諸法（萬象）存在的眞相。基本上有兩種無明：(1)昧於因果律的無明；和(2)執諸法實有、獨立、由自方存在的無明，這是根本的煩惱，其他所有的煩惱都由此產生。由於無明，令眾生陷於生死輪迴中受苦。

菩提心（bodhichitta）：梵文之意爲「醒覺的心」。爲了讓自己有能力引導一切有情成佛，而發願成佛的利他心。

菩提道次第（graded path，藏文 *lamrim*）：成佛之道的修行次第；依照修行的先後次第，將大小乘所有教法的要義，納入下士道、中士道、上士道的修行架構，無論是利根或鈍根的修行人，都可以依三士道的次第，循序漸進地修心，直到成就佛果。這一套層次分明、易於遵循、完整而有效的修行體系，是西藏佛教的一大特色和貢獻。

菩薩（bodhisattva）：梵文的原意是「醒覺者」。具有菩提心，以成就佛果爲修行的終極目標的大乘行者。

黑魯嘎、勝樂金剛（Heruka Chakrasamvara）：無上瑜伽密續的一位男性本尊。

【十三劃】

圓滿次第（completion stage）：無上瑜伽密續兩個次第中的較高深者。

業（karma）：梵文的字義是「行爲」。因果律，行善得樂報，造惡得苦報。

煩惱（delusion）：令內心不清明的染垢，障蔽自性原本清淨的心識，由於隨著煩惱的暫時染污，才令心不調伏。煩惱都是顛倒執著，導致有情造業、受苦。最根本的煩惱是無明，由此引生貪、瞋、慢、疑等其他一切煩惱。

瑜伽（yoga）：梵文意爲「統一」「連合」。透過修練瑜伽，令身心完全統合，融合爲一。

瑜伽士（yogi）：男性的瑜伽行者或精通密續的男性行者。

瑜伽女（yogini）：女性的瑜伽行者或精通密續的女性行者。

經乘（sutrayana）：大乘佛教的一支，又稱爲波羅密多乘；俗稱顯教；以三大阿僧祇劫，透過修行六度（六波羅密多）達到成就佛果的目標。

經（sutra）：釋迦牟尼佛公開說法的紀錄，內含經典、教義和修行法門。

達賴喇嘛（Dalai Lama，一九三五～）：又稱爲「勝者湞津嘉措」，是西藏人崇敬的精神領袖，爲世界和平而努力不懈；一九八九年獲頒諾貝爾和平獎；喇嘛梭巴仁波切的上師之一。

【十四劃】

僧伽（Sangha）：佛教徒的第三個皈依境。

瑪哈悉達（mahasiddha，梵音）：有大成就的密續瑜伽士。

種子字（seed-syllable）：密續修法時用於觀想的梵文字母；自空界中生起種子字，再從種子字化現出禪修的本尊。

【十五劃】

輪迴（cyclic existence；samsara）：在煩惱和業的主宰下，不由自主地在六道中生死輪轉、受苦；六道爲地獄、餓鬼、畜生三惡道和人、阿修羅、天三善道；也指眾生的有漏蘊聚。

【十六劃】

壇城（mandala）：密續本尊清淨、莊嚴、圓滿的居所，是本尊智慧的化現。

龍樹（Nagarjuna）：西元二世紀印度佛教中觀派的開派師，闡揚佛陀《般若經》的空性正見，是八十四位大成就者之一。論著極爲豐富，如《大智度論》《中論》等，在佛教史上具有非常崇高的地位。

【十七劃】

禪修（meditation）：令心熟習善所緣（對境）的過程。有止修和觀修兩種。

禪修的本尊（meditational deity）：佛在密續示現的男女形相，做爲行者觀想、禪修、認同的對境。

【十八劃】

轉生（rebirth）：在死亡之後，經過中陰階段，心識進入一個新的存在狀態。

【二十劃】

釋迦牟尼佛（Shakyamuni Buddha，西元前五六三～四八三年）：現今佛法的始祖。賢劫一千尊佛中的第四尊，降生為北印度釋迦族的王子，開示經部（顯）和續部（密）解脫、成佛之道。

【二十一劃】

灌頂（empowerment）：在灌頂儀式中，密續上師引介弟子進入某一尊禪修本尊的壇城，傳授該本尊的修行法門，弟子因而獲准起修該法門。

續乘、密乘（tantrayana）：又稱為金剛乘（Vajrayana）、眞言乘（Mantrayana）或閃電乘（lightening vehicle），大乘佛教的一支，是佛教中最迅速的成佛之道，能夠引導修行人在一生當中成就佛果。

【二十五劃】

觀修（insight meditation）：透過觀察、思惟、分析、簡擇，熟悉諸法存在的眞相，用以發展了悟空性的智慧。

觀想（visualization）：在禪修當中運用創造性的想像力，比如觀想自己化現為某一尊禪修的本尊等。

觀音（Avalokiteshvara）：西藏佛教常稱之為「大悲佛」。男性的禪修本尊，總攝一切諸佛的大悲心。

建議閱讀書單

拙火之樂：那洛六瑜伽修行心要（*The Bliss of Inner Fire: Heart Practices of the Six Yogas of Naropa*），圖敦·耶喜喇嘛著，橡樹林文化，二〇〇七。

突破修道上的唯物（*Cutting through Spiritual Materialism*），邱陽·創巴仁波切著，橡樹林文化，二〇一一年。

白話《菩提道次第廣論》，宗喀巴大師著，法尊法師譯，劉小儂譯文白話，橡樹林文化，二〇〇九年。

菩薩行的祕密：《入菩薩行論》講解，寂天菩薩原著，橡樹林文化，二〇一一年。

開始學習禪修（*How to Meditate: A Practical Guide*），凱薩琳·麥唐諾著，橡樹林文化，二〇〇八年。

曼達拉娃佛母傳（*The Lives and Liberation of Princess Mandarava*），喇嘛卻南、桑傑·康卓著，橡樹林文化，二〇一一年。

抉擇未來（*The Meaning of Life*），達賴喇嘛著，橡樹林文化，二〇〇一年。

親愛的喇嘛梭巴：轉困境爲安樂Q & A（*Dear Lama Zopa: Radical Solutions for Transforming Problems into Happiness*），喇嘛梭巴仁波切著，橡樹林文化，二〇〇九年。

滿足之門（*The Door to Satisfaction*），喇嘛梭巴仁波切著，菩提心出版，二〇〇七年。

雪洞（*Cave in the Snow: Tenzin Palmo's Quest for Enlightenment*），維琪·麥肯基著，躍昇文化，二〇〇一年。

大圓滿（*Dzogchen: The Heart Essence of the Great Perfection*），達賴喇嘛著，心靈工坊，二〇〇三年。

達賴喇嘛遇上耶穌（*The Good Heart: A Buddhist Perspective on the Teachings of Jesus*），達賴喇嘛著，大是文化，二〇〇八年。

情緒療癒（*Healing Emotions: Conversations with the Dalai Lama on Mindfulness, Emotions, and Health*），丹尼爾・高曼著，立緒，二〇一〇年。

西藏生死書（*The Tibetan Book of Living and Dying*），索甲仁波切著，張老師文化，一九九八年。

當生命陷落時：與逆境共處的智慧（*When Things Fall Apart: Heart Advice for Difficult Times*），佩瑪・丘卓著，心靈工坊，二〇〇一年。

普賢上師言教（*The Words of My Perfect Teacher*），巴楚仁波切著，橡實文化，二〇一〇年。

Advice from a Spiritual Friend, Geshe Rabten and Geshe Dhargyey, Boston: Wisdom Publications, 1996.

Buddhist Symbols in Tibetan Culture: An Investigation of the Nine Best-Known Groups of Symbols, Dagyab Rinpoche, Boston: Wisdom Publications, 1995.

Calming the Mind: Tibetan Buddhist Teachings on Cultivation of Meditative Quiescence, Gen Lamrimpa, Ithaca: Snow Lion, 1992.

The Compassionate Life, H. H. the Dalai Lama, Boston: Wisdom Publications, 2001.

Death, Intermediate State and Rebirth in Tibetan Buddhism, Lati Rinbochay and J. Hopkins (trans.), Ithaca: Snow Lion, 1980.

Deity Yoga, H. H. the Dalai Lama, Tsong-ka-pa, and J. Hopkins (trans.), Ithaca: Snow Lion, 1981.

Dharma Paths, Khempo Kartar Rinpoche, Ithaca: Snow Lion, 1992.

The Door of Liberation, Geshe Wangyal, Boston: Wisdom Publications, 1994.

Enlightened Being: Life Stories from the Ganden Oral Tradition, Janice D. Willis, Boston: Wisdom Publications, 1995.

Enlightened Living: Teachings of Tibetan Buddhist Masters, Tulku Thondup, Boston: Shambhala, 1990.

Everlasting Rain of Nectar: Purification Practice in Tibetan Buddhism, Geshe Jampa Gyatso, Boston: Wisdom Publications, 1996.

The Fulfillment of All Hopes: Guru Devotion in Tibetan Buddhism, Tsongkhapa, Gareth Sparham (trans.), Boston: Wisdom Publications, 1999.

Hermit of Go Cliffs: Timeless Instructions from a Tibetan Mystic, Cyrus Stearns, Boston: Wisdom Publications, 2000.

Highest Yoga Tantra, Daniel Cozort, Ithaca: Snow Lion, 1986.

Images of Enlightenment: Tibetan Art in Practice, Johathan Landaw and Andy Weber, Ithaca: Snow Lion, 1993.

The Kalachakra Tantra: Rite of Initiation, H. H. the Dalai Lama and J. Hopkins, Boston: Wisdom Publications, 1985.

Liberation in the Palm of Your Hand, Pabongka Rinpoche, Boston: Wisdom Publications, 1991.

The Life and Teaching of Naropa, H. V. Guenther, Boston: Shambhala, 1986.

Life and Teachings of Lama Tsong Khapa, Robert Thurman (ed.), Dharamsala: Library of Tibetan Works and Archives, 1982.

The Life of Shabkar, Matthew Ricard (trans.), Ithaca: Snow Lion, 2001.

The Lion's Roar: An Introduction to Tantra, Chögyam Trungpa, Boston: Shambhala, 1992.

Luminous Mind: The Way of the Buddha, Kalu Rinpoche, Boston: Wisdom Publications, 1997.

Meditation for Life, Martine Batchelor, Boston: Wisdom Publications, 2001.

Meeting the Great Bliss Queen: Buddhists, Feminists, and the Art of the Self, Anne Klein, Boston: Beacon Press, 1995.

Ordinary Wisdom: Sakya Pandita's Treasury of Good Advice, Sakya Pandita, Boston: Wisdom Publications, 2000.

Passionate Enlightenment: Women in Tantric Buddhism, Miranda Shaw, Princeton, New Jersey: Princeton University Press,

1994.

Preparing for Tantra, Tsongkapa, Howell, NJ: Mahayana Sutra and Tantra Press, 1995.

Reincarnation: The Boy Lama, V. Mackenzie, Boston: Wisdom Publications, 1996.

Relating to a Spiritual Teacher: Building a Healthy Relationship, Alexander Berzin, Ithaca: Snow Lion, 2000.

Secret of the Vajra World: The Tantric Buddhism of Tibet, Reginald Ray, Boston: Shambhala, 2001.

Sleeping, Dreaming, and Dying: An Exploration of Consciousness with the Dalai Lama, Francisco J. Varela(ed.), Boston: Wisdom Publications, 1997.

The Splendor of an Autumn Moon: The Devotional Verse of Tsongkhapa, Gavin Kilty(trans.), Boston: Wisdom Publications, 2001.

Tantra in Tibet, H. H. the Dalai Lama and J. Hopkins (trans.), Ithaca: Snow Lion, 1987.

The Tantric Path of Purification: Vajrasattva Practive and Retreat Manual, Lama Yeshe, Boston: Wisdom Publications, 1994.

Tantric Practice in Nying-ma, Khetsun Sangpo Rinbochay, Ithaca: Snow Lion, 1986.

Tibetan Buddhism from the Ground Up, B. Alan Wallace, Boston: Wisdom Publications, 1993.

Vast as the Heavens, Deep as the Sea: Verses in Praise of Bodhicitta, Khunu Rinpoche, Boston: Wisdom Publications, 1999.

Wisdom Energy: Basic Buddhist Teachings, Lama Yeshe and Lama Zopa Rinpoche, Boston: Wisdom Publications, 1982.

護持大乘法脈聯合會（FPMT）

護聯會（FPMT）的創始人圖敦．喇嘛耶喜和導師圖敦．梭巴仁波切兩位西藏高僧，悲願宏深。喇嘛耶喜說：「這個組織是為所有的母有情設立的，主要目的是讓佛法的知識和智慧在人們的心中成長。」

一九八四年喇嘛耶喜過世後，喇嘛梭巴仁波切成為護持大乘法脈聯合會唯一的導師，在全球推展廣大的利生事業，包括設立一百多個弘法禪修中心、閉關道場、寺院，推展圓滿教育、復興蒙古佛教、興建佛塔、轉經輪等聖物、安寧服務、痲瘋病院、醫療中心、出版社、監獄弘法、動物放生庇護園等。

喇嘛梭巴仁波切說：「我們想成就什麼？創造機會，讓眾多的弟子接受深入、廣泛的佛法教育，讓更多人終生修行，實證菩提道，具有菩提道次第的證量，這是我們應該努力以赴的首要目標。然後是其他公眾、社會服務，在身心方面幫助其他眾生。

「這些年來，我見到越來越多的弟子對其他眾生奉獻得更多，更誠懇，更慈悲，這是這個組織的美，這個組織的未來。」

護持大乘法脈聯合會目前在台灣有一個基金會：財團法人台北市護持大乘法脈基金會，以及彌勒大佛工程專案、菩提心出版社和三個中心：台北的經續法林、台中的釋迦牟尼佛中心和高雄的上樂金剛中心。

喇嘛耶喜智庫（Lama Yeshe Wisdom Archive, LYWA）

喇嘛耶喜智庫由護持大乘聯合會導師喇嘛梭巴仁波切創立於一九九六年，主要任務是彙集喇嘛耶喜和梭巴仁波切在全球各地的開示錄音，予以謄寫、出版、流通。喇嘛耶喜和喇嘛梭巴仁波切自一九七〇年在尼泊爾的柯槃寺開始說法迄今的開示錄都保存下來。

如果您想要進一步了解喇嘛耶喜智庫，或在線上閱覽喇嘛耶喜和梭巴仁波切的開示錄，歡迎參觀我們的網頁：www.lamayeshe.org。請不吝支持、指教，和我們保持聯絡。

請愛惜佛書

您手上拿的是一本佛書，內容是佛陀的教法，指出解脱、成佛之道，具有威力，能夠保護我們來生不墮入惡趣。因此，我們應該以恭敬心來對待，不要將佛書放置地面，或坐在其上，或踐踏、跨過。

不得已跨過佛書時，要先唸「嗡 本雜 貝噶瑪 阿扎瑪 吽」，然後觀想書本其實是從自己的頭頂上通過。在搬運、攜帶佛典的途中，應該要包好，以免受損。平時應當把佛書放在潔淨的高處，不要和世俗物品混雜一處，也不要把其他物品壓在其上。翻書頁時，不要以指頭沾口水，此舉既犯威儀，又造惡業。

佛書破損時，不宜扔進垃圾堆裡。不得已需燒毀前，必須先持誦「嗡阿吽」，然後觀想佛書中的文字融入「阿」字，「阿」字又融入自己。如此觀想之後，再點火、焚化。灰燼也應當放在清淨處。凡是含有和佛法相關的文字及藝術品，都應當如此處理。

橡樹林文化 ❖❖ 善知識系列 ❖❖ 書目

JB0001	狂喜之後	傑克・康菲爾德◎著	380 元
JB0002	抉擇未來	達賴喇嘛◎著	250 元
JB0003	佛性的遊戲	舒亞・達斯喇嘛◎著	300 元
JB0004	東方大日	邱陽・創巴仁波切◎著	300 元
JB0005	幸福的修煉	達賴喇嘛◎著	230 元
JB0006	與生命相約	一行禪師◎著	240 元
JB0007	森林中的法語	阿姜查◎著	320 元
JB0008	重讀釋迦牟尼	陳兵◎著	320 元
JB0009	你可以不生氣	一行禪師◎著	230 元
JB0010	禪修地圖	達賴喇嘛◎著	280 元
JB0011	你可以不怕死	一行禪師◎著	250 元
JB0012	平靜的第一堂課——觀呼吸	德寶法師 ◎著	260 元
JB0013	正念的奇蹟	一行禪師◎著	220 元
JB0014	觀照的奇蹟	一行禪師◎著	220 元
JB0015	阿姜查的禪修世界——戒	阿姜查◎著	220 元
JB0016	阿姜查的禪修世界——定	阿姜查◎著	250 元
JB0017	阿姜查的禪修世界——慧	阿姜查◎著	230 元
JB0018X	遠離四種執著	究給・企千仁波切◎著	280 元
JB0019	禪者的初心	鈴木俊隆◎著	220 元
JB0020X	心的導引	薩姜・米龐仁波切◎著	240 元
JB0021X	佛陀的聖弟子傳 1	向智長老◎著	240 元
JB0022	佛陀的聖弟子傳 2	向智長老◎著	200 元
JB0023	佛陀的聖弟子傳 3	向智長老◎著	200 元
JB0024	佛陀的聖弟子傳 4	向智長老◎著	260 元
JB0025	正念的四個練習	喜戒禪師◎著	260 元
JB0026	遇見藥師佛	堪千創古仁波切◎著	270 元
JB0027	見佛殺佛	一行禪師◎著	220 元
JB0028	無常	阿姜查◎著	220 元
JB0029	覺悟勇士	邱陽・創巴仁波切◎著	230 元
JB0030	正念之道	向智長老◎著	280 元
JB0031	師父——與阿姜查共處的歲月	保羅・布里特◎著	260 元

JB0032	統御你的世界	薩姜・米龐仁波切◎著	240 元
JB0033	親近釋迦牟尼佛	髻智比丘◎著	430 元
JB0034	藏傳佛教的第一堂課	卡盧仁波切◎著	300 元
JB0035	拙火之樂	圖敦・耶喜喇嘛◎著	280 元
JB0036	心與科學的交會	亞瑟・札炯克◎著	330 元
JB0037	你可以，愛	一行禪師◎著	220 元
JB0038	專注力	B・艾倫・華勒士◎著	250 元
JB0039	輪迴的故事	慈誠羅珠堪布◎著	270 元
JB0040	成佛的藍圖	堪千創古仁波切◎著	270 元
JB0041	事情並非總是如此	鈴木俊隆禪師◎著	240 元
JB0042	祈禱的力量	一行禪師◎著	250 元
JB0043	培養慈悲心	圖丹・卻准◎著	320 元
JB0044	當光亮照破黑暗	達賴喇嘛◎著	300 元
JB0045	覺照在當下	優婆夷　紀・那那蓉◎著	300 元
JB0046	大手印暨觀音儀軌修法	卡盧仁波切◎著	340 元
JB0047X	蔣貢康楚閉關手冊	蔣貢康楚羅卓泰耶◎著	260 元
JB0048	開始學習禪修	凱薩琳・麥唐諾◎著	300 元
JB0049	我可以這樣改變人生	堪布慈囊仁波切◎著	250 元
JB0050	不生氣的生活	W. 伐札梅諦◎著	250 元
JB0051	智慧明光：《心經》	堪布慈囊仁波切◎著	250 元
JB0052	一心走路	一行禪師◎著	280 元
JB0054	觀世音菩薩妙明教示	堪布慈囊仁波切◎著	350 元
JB0055	世界心精華寶	貝瑪仁增仁波切◎著	280 元
JB0056	到達心靈的彼岸	堪千・阿貝仁波切◎著	220 元
JB0057	慈心禪	慈濟瓦法師◎著	230 元
JB0058	慈悲與智見	達賴喇嘛◎著	320 元
JB0059	親愛的喇嘛梭巴	喇嘛梭巴仁波切◎著	320 元
JB0060	轉心	蔣康祖古仁波切◎著	260 元
JB0061	遇見上師之後	詹杜固仁波切◎著	320 元
JB0062	白話《菩提道次第廣論》	宗喀巴大師◎著	500 元
JB0063	離死之心	竹慶本樂仁波切◎著	400 元
JB0064	生命真正的力量	一行禪師◎著	280 元
JB0065	夢瑜伽與自然光的修習	南開諾布仁波切◎著	280 元
JB0066	實證佛教導論	呂真觀◎著	500 元

JB0067	最勇敢的女性菩薩——綠度母	堪布慈囊仁波切◎著	350元
JB0068	建設淨土——《阿彌陀經》禪解	一行禪師◎著	240元
JB0069	接觸大地——與佛陀的親密對話	一行禪師◎著	220元
JB0070	安住於清淨自性中	達賴喇嘛◎著	480元
JB0071/72	菩薩行的祕密【上下冊】	佛子希瓦拉◎著	799元
JB0073	穿越六道輪迴之旅	德洛達娃多瑪◎著	280元
JB0074	突破修道上的唯物	邱陽·創巴仁波切◎著	320元
JB0075	生死的幻覺	白瑪格桑仁波切◎著	380元
JB0076	如何修觀音	堪布慈囊仁波切◎著	260元
JB0077	死亡的藝術	波卡仁波切◎著	250元
JB0078	見之道	根松仁波切◎著	330元
JB0079	彩虹丹青	祖古·烏金仁波切◎著	340元
JB0080	我的極樂大願	卓千拉貢仁波切◎著	260元
JB0081	再捻佛語妙花	祖古·烏金仁波切◎著	250元
JB0082	進入禪定的第一堂課	德寶法師◎著	300元

橡樹林文化 ❖❖ 成就者傳記系列 ❖❖ 書目

JS0001	惹瓊巴傳	堪千創古仁波切◎著	260元
JS0002	曼達拉娃佛母傳	喇嘛卻南、桑傑·康卓◎英譯	350元
JS0003	伊喜·措嘉佛母傳	嘉華·蔣秋、南開·寧波◎伏藏書錄	400元
JS0004	無畏金剛智光：怙主敦珠仁波切的生平與傳奇	堪布才旺·董嘉仁波切◎著	400元

橡樹林文化 ❖❖ 蓮師文集系列 ❖❖ 書目

JA0001	空行法教	伊喜·措嘉佛母輯錄付藏	260元
JA0002	蓮師傳	伊喜·措嘉記錄撰寫	380元
JA0003	蓮師心要建言	艾瑞克·貝瑪·昆桑◎藏譯英	350元
JA0004	白蓮花	蔣貢米龐仁波切◎著	260元

善知識系列　JB0083

藏傳密續的眞相：轉貪欲爲智慧大樂道

作　　者／圖敦·耶喜喇嘛（Lama Thubten Yeshe）
中　　譯／釋妙喜
編　　輯／游璧如
業　　務／顏宏紋

總 編 輯／張嘉芳
出　　版／橡樹林文化
城邦文化事業股份有限公司
104 台北市民生東路二段 141 號 5 樓
電話：(02)25007696　傳眞：(02)25001951
發　　行／英屬蓋曼群島家庭傳媒股份有限公司城邦分公司
104 台北市民生東路二段 141 號 2 樓
客服服務專線：(02)25007718；(02)25001991
24 小時傳眞專線：(02)25001990；(02)25001991
服務時間：週一至週五上午 09:30 ～ 12:00；下午 13:30 ～ 17:00
劃撥帳號：19863813；戶名：書虫股份有限公司
讀者服務信箱：service@readingclub.com.tw
香港發行所／城邦（香港）出版集團有限公司
香港灣仔駱克道 193 號東超商業中心 1 樓
電話：(852)25086231　傳眞：(852)25789337
E-mail：hkcite@biznetvigator.com
馬新發行所／城邦（馬新）出版集團
【Cité (M) Sdn. Bhd. (458372 U)】
41, Jalan Radin Anum, Bandar Baru Sri Petaling,
57000 Kuala Lumpur, Malaysia.
電話：(603) 90578822　傳眞：(603) 90576622
Email:cite@cite.com.my

版面構成／歐陽碧智
封面設計／塵世設計
印　　刷／中原造像股份有限公司

初版一刷／ 2012 年 9 月
初版四刷／ 2020 年 12 月
ISBN ／ 978-986-6409-42-4
定價／ 300 元

城邦讀書花園
www.cite.com.tw

國家圖書館出版品預行編目資料

藏傳密續的真相：轉貪欲為智慧大樂道 / 圖敦·耶喜喇嘛 (Lama Thubten Yeshe) 著；釋妙喜譯. -- 初版. -- 臺北市：橡樹林文化，城邦文化出版：家庭傳媒城邦分公司發行，2012.09
面；　公分. --（善知識系列；JB0083）
譯自：Introduction to Tantra : the transformation of desire
ISBN 978-986-6409-42-4（平裝）

1. 密宗　2. 佛教修持

226.915　　　101015176